심리학으로 말하다

섹스

심리학으로 말하다
셱스

초판 1쇄 발행 | 2021년 1월 25일

지은이 | 멕-존 바커
옮긴이 | 권혜림
펴낸이 | 조승식
펴낸곳 | 돌배나무
공급처 | 북스힐
등록 | 제2019-000003호
주소 | 01043 서울시 강북구 한천로 153길 17
전화 | 02-994-0071
팩스 | 02-994-0073
홈페이지 | www.bookshill.com
이메일 | bookshill@bookshill.com

ISBN 979-11-90855-04-4
979-11-90855-00-6 (세트)
정가 13,500원

• 이 도서는 돌배나무에서 출판된 책으로 북스힐에서 공급합니다.
• 잘못된 책은 구입하신 서점에서 교환해 드립니다.

04

심리학으로 말하다

SEX

섹스

Meg-John Barker | 권혜림 옮김

멕-존 바커 Meg-John Barker는 섹스, 젠더, 관계를 전문으로 다루는 행동주의 학자이다. 영국 개방대학The Open University 부교수이자 영국 심리 치료 위원회The United Kingdom Council for Psychotherapy, UKCP의 공인 심리 치료사로 활동하고 있다.

권혜림은 동국대학교 국어국문학과와 이화여자대학교 통·번역대학원 한영번역학과를 졸업한 뒤 이화여자대학교 통·번역연구소 번역연구원 및 전문번역가로 활동하고 있다. 역서로는 『독일 병사와 함께한 여름』(2015)이 있다.

01
심리학은 어떻게 섹스와 만났나

섹스의 심리학에 입문하게 된 것을 환영한다. '심리학으로 말하다' 시리즈의 다른 모든 책과 마찬가지로, 이 짧은 한 권 안에 심리학적 관점에서 바라본 섹스와 섹슈얼리티의 전부를 담아내기란 불가능하다. 하지만 그 일부를 맛보기로 보여 줌으로써 더 많은 것을 알고 싶은 욕구를 자극하는 일은 가능하다.

무엇보다 『섹스: 심리학으로 말하다』가 독자에게 '쓸모 있기'를 희망한다. 좋든 싫든 우리는 성性에 대한 정보와 성적 이미지, 섹스 이데올로기가 끊임없이 쏟아져 나오는 세상에 살고 있다. 심리학은 단지 연구를 통한 결과 도출에서 그치는 것이 아니라, 심리학적으로 현상을 '평가'하고 이를 인간의 삶에 '적용'하는 데 목적이 있다. 따라서 『섹스: 심리학으로 말하다』는 다양한 이론과 연구를 바탕으로 도출한 정보뿐 아니라 우리가 주변에서 접하는 성에 관한 메시지와 성 관련 주제를 둘러싼 논쟁에 대해 비판적으로 생각할 수 있는 도구를 제공한다. 더불어 심리학적 연구와 개념이 인간의 삶 전반에, 그리고 우리 개개인의 삶과 인간관계와 경험에 어떻게 '적용'될 수 있는지에 대한 이야기를 다룬다.

이 책에서는 총 다섯 장에 걸쳐 성의 다양한 영역—섹슈얼리티(성적 지향, 성 정체성, 성적 끌림), 성행위 또는 성교, 성적 관행 및 성적 관계, 그리고 최근 '문화의 성애화'라고 불리고 있는 개념—에 대해 우리가 알고 있는 섹스의 심리학을 간단히 소개할 것이다. 각 장에는 관심 있는 주제에 대해 더 깊이 알고자 할 때 읽을 만한 다양한 책과 논문이 소개되어 있다. 또한 이 책의 마지막 부분에는 여기서 다룬 모든 주제에 관한 보다 자세한 정보를 얻을 수 있는 추가 자료 목록을 실어 두었다.

하지만 특정 주제에 대해 이야기하기 앞서, 우리가 사용할 '심리학'과 '섹스'라는 단어의 일반적 의미를 알아보자. 이 두 단어는 언뜻 생각하면 명확한 것처럼 보이지만 실제로는 상당한 논쟁의 여지를 품고 있다. 사실 나는 이 책의 모든 장에서 독자 스스로 '심리학이란 무엇인가?' 그리고 '섹스는 무엇인가?'와 같은 질문을 끊임없이 던지고, 책장을 넘기는 동안 그 답이 바뀌어 가기를 바란다. 대부분의 훌륭한 질문이 그렇듯 이러한 질문에 정답은 없다. 정답을 찾는 것보다 중요하고 유익한 일은 계속해서 질문을 던지고 고민하는 과정에서 자신의 답이 어떻게 변화하는지에 주목하는 것이다.

심리학이란 무엇인가

영국 심리학회와 미국 심리학회를 비롯한 기타 유사 기관들은 심리학을 '마음과 행동에 관한 과학적 연구' 정도로 규정하는 경향이 있다.[1] 이런 표현을 바탕으로 우리가 심리학을 여러 과학적 학문 분야 중 하나로 이해하는 것일지 모른다. 다시 말해 심리학은 인간의 심리 작용(마음)과 그것이 세상에서 어떻게 작용하는지(행동)를 집중적으로 연구하는 학문이다. '과학적'이라는 표현은 실험실 가운과 각종 실험, 그리고 숫자를 사용해 '객관적인' 방식으로 인간의 마음과 행동을 측정하는 장면을 떠올리게 한다.

미시적 관점에서 말하는 심리학

심리학의 역사를 돌아보면, 분명 심리학은 생물학이나 물리학과 같은 다른 자연 과학 분야와 어깨를 나란히 하는 과학임을 입증하기 위해 심혈을 기울여 왔다. 학생들은 흔히 사람에게 관심이 있거나 자신을 더 잘 이해하고 싶거나 타인을 돕고 싶다는 이유로 심리학을 선택한다. 그 결과—항상 유쾌하지만은 않은 이유로—종종 놀라게 된다. 심리학을 공부하며 얼마나 많은 시간을 수학 통계와 뇌 작용을 배우는 데 할애해야 하는지 알게 되기 때문이다!

심리학자들이 수행하는 고전적 연구 대다수를 보면 '마음과 행동의 과학'이라는 상당히 좁은 의미의 심리학을 옹호하는 듯하다. 이 책의 독자들도 심리학자들이 수행하는 심리학 기억력 테스트에 대해 들어 본 적이 있을지 모르겠다. 이 테스트에서는 컴퓨터 화면에 단어들이 빠르게 지나가게 한 뒤 얼마나 많은 사람이 이 단어를 기억할 수 있는지, 단어의 종류나 위치가 기억력에 영향을 미치는지 등을 살펴본다.[2] 스탠리 밀그램Stanley Migram의 복종에 대한 고전 연구에 대해 알고 있는 독자들도 있을 것이다. 이 실험에서 스탠리는 피실험자들이 누군가에게 점진적으로 강한 전기 충격을 가함으로써 그 사람의 학습을 돕는다는 생각을 하도록 만들었다. 스탠리의 결과에 따르면 실험실 가운을 입은 권위자가 명령할 경우 다수가 타인에게 치명적인 강도의 전기 충격을 가할 수 있음이 확인되었다.[3] 위의 두 가지 실험은 마음(기억)과 행동(권위에 대한 복종)에 대한 과학적 연구의 예이다.

나는 현재까지 20년 넘게 심리학 연구에 몸담고 있는 동안 여러 다른 분야 심리학의 일원으로 활동해 왔고, 다양한 심리학자 친구와 동료를 곁에 두었다. 내가 그들을 통해 배운 점은 심리학이 실제로는 '마음과 행동에 대한 과학적 연구'와 같은 정의를 통해 우리가 1차적으로 이해하는 의미를 넘어서는 훨씬 포괄적인 학문이라는 사실이다.

그렇다면, 더 넓은 의미의 심리학이란 무엇인가

내 생각에 가장 훌륭한 의미의 심리학은 우리가 인간으로서 겪는 개인의 경험과 관련한 모든 일이 하나로 합쳐지는 곳이다. 심리학은 우리가 인간에 관해 알고 있는 모든 지식을 한데 모으고 우리를 둘러싼 바깥으로 시선을 돌려 삶을 개선하기 위한 방법을 찾고자 하는 포괄적이고 광범위한 지식 분야이다. 나에게는 심리학과 역사학, 심리학과 지리학, 심리학과 내분비학, 심리학과 사회학, 심리학과 철학, 심리학과 신경 과학, 심리학과 범죄학, 심리학과 드라마 등 나열한 경우 외에도 매우 다양한 기타 학문 분야와 심리학을 연계하여 연구하는 심리학자 친구들이 많이 있다. 사실 내가 아는 한 '순수' 심리학자는 거의 없다고 봐도 무방하다. 대부분의 심리학자들이 심리학을 연구하는 이유는 심리학이 적어도 하나 이상의 다른 학문(자연 과학, 사회 과학, 또는 예술·인문학 등)과 맞닿는 부분이 있기 때문이다.

이들 심리학자 중 비교적 적은 수만이 실험실에서 실험한다. 일부는 이론 개발에 전적으로 관여하고, 다른 이들은 실제 환경에서 나타나는 인간 행동을 연구한다. 또 개인의 경험에 대해 사람들을 심층 인터뷰하거나, 심리학적 사고의 역사를 연구하기도 한다. 아니면 창의적인 방법을 사용해 사람들이 연구 자료와 예술 사이의 무언가를 생산하는 일을 돕는다. 심리학자들 대부분은 법률, 의학, 사회 정의, 카운슬링, 미디어, 또는 환경과 같은 다양한 분야에 필요한 정보를 제공하는 등 어떤 식으로든 심리학 연구와 이론을 현실에 적용한다. 그중 일부는 응용 심리학 분야를 통해 전문적으로 치료법을 제공하거나, 기관에 자문을 제공하거나, 범인을 검거하거나 학교에서 아이들을 돕는 등의 일을 한다.

섹스, 그리고 심리학

이 책의 주제—또는 이 심리학 시리즈에 속한 다른 어떤 책의 주제—로 돌아가 보면, 심리학에 대한 폭넓은 이해가 왜 중요한지 알 수 있을 것이다.

섹스는 인간이 경험하는 대단히 흥미롭고 광범위하며 걱정스럽기도 한 영역이다. 우리는 미시적 관점에서 섹스의 심리학을 바라봄으로써 스스로의 가능성을 제한할 수 있다. 예를 들어 실험과 설문지 등을 통해 사람들이 성적으로 어떻게 생각하고 행동하는지 알아낼 수 있는 부분에만 초점을 맞추는 것이다. 하지만 섹스가 어떻게 작용하는지, 사람들이 어떤 식으로 섹스를 경험하며, 그에 대해 어떤 생각을 하고 무엇을 느끼는지를 제대로 이해하기 위해서는 심리학과 더불어 다양한 분야의 지식을 활용하는 것이 중요하다.

우리는 사람들(심리학자 포함)이 과거 섹스와 섹슈얼리티를 어떻게 이해했는지, 그리고 그것이 오늘날 우리가 그 두 가지를 이해하는 방식에 어떠한 영향을 미치는지에 대해 알아야 한다. 섹스의 생리학과 서로 다른 신체와 두뇌들이 성적으로 어떻게 반응하는지 역시 알아야 한다. 또 문화와 맥락에 걸친 성 정체성과 성적 관행, 그리고 성 소수자 집단들과 사회 운동의 발달에 대해 살펴봐야 한다. 뿐만 아니라 섹슈얼리티와 성적 관계들을 이해하기 위해 철학의 다양한 분야에서 발전해 온 다양한 이론에도 주목해야 한다. 인간이 생물학적 집단이고 사회적 맥락 안에서 존재하며 성적으로 사고하고 행동하는 방식을 형성한다는 사실을 고려하면, 심리학이라는 학문을 반드시 생물학 및 사회학과 함께 다뤄야 한다. 그리고 성과학자들—수년에 걸쳐 섹스와 섹슈얼리티를 집중 연구해 온 집단이며, 그중 일부만이 심리학자이다—의 연구를 반드시 살펴볼 필요가 있다.

더불어 섹스의 심리학이 유익하게 작용하려면, 섹스와 관련한 시급한 응용 심리학적 문제들에 관해서도 이야기해야 한다—어떻게 하면 사람들이 자신의 섹슈얼리티 때문에 소외되거나 낙인찍히거나 심지어 고문당하고 살해당하는 일을 막을 수 있을까? 어떻게 하면 성적으로 문제를 겪고 있는 사람들을 도와줄 수 있을까? 어떻게 하면 놀라울 정도로 높은 비율의 폭력적이고 강압적인 성관계를 줄일 수 있을까? 성범죄자들이 성범죄를 저지르는 것을 막으려면 어떤 조치를 취해야 하며, 성폭력 피해에서 살아남은 이들은 어떻게 도울 수 있을까? 성에 대한 건전한 이해는 무엇이며 주류의, 사회적, 성과 관련한 미디어에서 그와 같은 성에 대한 올바른 이해를 고취시키려면 어떻게 해야 할까? 우리 아이들에게 성에 대해 어떤 식으로 교육해야 할까? 이외에도 던져야 할 질문이 많을 것이다.

심리학은 정치적이다

1970년대 이후 심리학계에서 끊이지 않고 계속되는 한 가지 논쟁은 심리학이 중립적이고 객관적일 수 있는지, 아니면 불가피하게 정치적인지에 관한 것이다. 다시 말하면 심리학자들이 각자의 연구 대상과 연구 방법, 연구 결과에 영향을 미칠 만한 개인적 혹은 문화적 편견을 갖고 있는지에 대한 문제이다.

이는 내가 이 책의 나머지 부분을 어떻게 쓸 것인지—그리고 독자가 그것을 어떻게 읽을 것인지—에 영향을 미치기 때문에 우리의 목적을 위해서도 중요한 쟁점이다. 내가 독자들에게 매우 폭넓은 관점의 다양한 심리학 연구 결과와 이론들을 소개해도 되는 것일까? 이 경우 독자들은 섹스의 심리학에 대한 사실들을 얻을 수 있을 것이다. 아니면 심리학에서 다루고 있는 모든 연구와 이론이 특정 시기, 특정 장소에서 특정 개인들에 의해 만들어졌다는 사실을 모두에게 끊임없이 상기시켜야 하는 것일까? 그렇다면 이러한 연구 결과와 생각들은 섹스의 심리학을 이해하는 '하나의' 방식일 뿐 절대적 사실은 아닐 것이다.

심리학자들은 종종 이런 종류의 문제를 둘러싸고 두 개의 집단으로 나뉜다. 첫 번째는 소위 '주류' 심리학자들(더 나은 표현이 생각나지 않는다)이다. 심리학이 객관적이고 가치 중립적 연구를 수행하는 것이 가능하며 인간의 마음과 행동에 관한 사실을 정립할 수 있다고 믿는다. 두 번째는 소위 '비평' 심리학자들로, 심리학적 지식은 항상 특정 상황하에 발전하는 것이며, 이러한 상황이 심리학자들이 무엇을 발견하고 그것으로 무엇을 하는지에 영향을 미친다고 믿는 이들이다. 비평 심리학자들은 심리학적 지식을 발견할 수 있는 일련의 진리라고 보기보다는, 심리학자 개개인이 특정한 문화적 맥락에서 지식을 어떻게 구성하는지에 관심이 있다. 지식은 언제나 대체 가능한 방식으로 구성되고, 구축되고, 형성되어 왔다.

주류 심리학자들은 또한 지나친 일반화를 위해 '양적' 연구를 통해 인간의 마음과 행동을 수치로 측정하고, 행동의 원인과 영향에 대한 연구 결과를 모든 사람에게 일괄적으로 적용하는 경향을 보여 왔다. 비평 심리학자들은 '질적' 연구를 통해 사람들이 자신의 '경험'을 어떻게 이야기하는지에 대해 연구하는 경향이 있다. 따라서 보통 연구 대상의 범위를 넘어서는 일반화를 하지 않도록 조심한다. 비평 심리학자들은 또한 경험을 설명하기보다는 있는 그대로 기술하는 데 중점을 둔다. 사람들의 경험이 개인의 상황, 문화적 배경 등에 따라 다를 것이라고 생각하기 때문이다.

그런데 사실 이처럼 심리학을 주류와 비평으로 나누는 이분법적 구분은 잘못된 것이다. 그리고 다행히도 지난 수년에 걸쳐 이러한 구분이 무너지고 있다. 내가 전적으로 '순수한' 혹은 '응용' 심리학을 연구하는 심리학자 동료의 예를 찾는 것에 어려움을 겪은 것에서 알 수 있듯이, 내가 아는 주류에 가까운 심리학자들 중 대부분이 스스로의 생각에 꽤 비판적인 경향이 있었으며, 인간이 타인을 연구할 때 항상 개인적이고 문화적인 편견이 스며들기 마련이라는 사실을 인정한다. 또한 양적 질문과 실험실 실험, 두뇌 연구를 자신의 연구에 활용하는 비평 심리학자들도 많다. 이 책을 통해 섹스를 이러한 심리학 영역 전반에 걸쳐 논하고자 한다.

개인의 문화적 배경에 따라 심리학이 어떻게 형성되는가

심리학의 역사를 간략히 살펴보면 완벽히 객관적인 방식으로 심리학을 연구하는 일이 불가능함을 알 수 있다. 여러 차례의 연구를 통해 확인된 바에 따르면, 편견을 완벽하게 배제하고자 노력하는 경우에도 연구자들은 자신이 예상하는 결과를 도출하는 경향이 있다. 예를 들어, 심리학 연수생에게 두 집단의 쥐—또는 어린이—를 제공한 다음 한 집단이 다른 집단보다 더 지능이 높다는 정보를 먼저 주고 실험하게 할 경우, 실제로는 두 집단 간에 전혀 차이가 없을 때도 자신이 처음에 사실이라고 믿었던 정보와 일치하는 결과를 낸다.[4] 데이비드 로젠한David Rosenhan의 고전 연구에 따르면, 심리학자와 정신과 의사는 환자가 정신 건강과 관련된 기관에 입원했던 전력이 있을 경우 별다른 정신 질환의 징후가 보이지 않더라도 정신 질환이 있다고 진단하고 치료하는 경향이 있다.[5] 분명한 것은 연구자 개인의 예상이 관련 연구를 비롯한 전문 심리학 연구 결과에 중요한 영향을 미친다는 사실이다.

심리학의 역사에서도 심리학자들의 연구에 영향을 주

는 문화적 편향에 대한 솔직하면서도 무시무시한 사례들을 확인할 수 있다. 스티븐 J. 굴드Stephen J. Gould는 자신의 저서 『인간에 대한 오해The Mismeasure Man』[6]에서 제1차 세계 대전 당시 미군 신병들을 평가하기 위해 진행된 정보 테스트 프로젝트에 대해 이야기한다. 심리학자들이 과학적으로 철저히 검증된 것으로 간주한 테스트를 통해 신병들의 평균 지능을 평가한 결과, 피부색이 어두울수록 지능이 낮은 것으로 나타났으며, 유대인 이민자를 포함한 미국 내 이민자와 흑인이 가장 낮은 점수를 얻었다. 그 당시에 심리학자들은 지능이 완전히 유전된다고 믿었기 때문에, 연구자들은 인종에 따라 각기 다른 수준의 '선천적' 지능을 가지고 있다고 결론지었다. 이와 같은 연구 결과는 이민자들이 국가 전체의 지능을 떨어트리게 될 것이라는 우려를 불러일으켜 이민을 제한하는 근거로 사용되었다. 이로 인해 제1차 세계 대전과 제2차 세계 대전 사이에 미국으로 들어가려던 유럽인 약 600만 명이 입국을 거부당했으며, 홀로코스트(나치에 의한 유대인 대학살—옮긴이 주)의 희생양이 되었다. 이 연구는 또한 육군 신병들이 배치되는 방식을 결정함으로써 많은 흑인 군인들을 효과적으로 죽음으로 몰아넣

기도 했다.

지금에 와서 이 지능 연구를 돌이켜보면, 그 당시 연구자들에게 내재된 지배적인 문화적 가정假定이 해당 연구와 너무 잘 맞아떨어진 탓에 보이지 않았던 여러 편견들이 보인다. 우선, 연구 방식 자체에 많은 문제가 있었다. 즉, 문맹 및 비영어권 출신 신병들이 영어 능력을 필요로 하는 테스트를 종종 치러야 했다는 점이다. 그런 경우가 아니더라도, 연필을 사용하거나 숫자를 쓰거나 다른 생소한 절차를 거쳐야 했다. 그뿐 아니라, 출제된 문제의 대다수가 '선천적인 지능'을 평가하기 위한 것이 아님이 명백했다. 예를 들어 전구나 총, 카드놀이 등의 사진을 제시하고 빠진 부분을 채워 넣으라는 문제가 있다. 또한 자신이 미국 문화에 익숙하지 않은 독자라면 다음 문제들을 풀어 보자. '크리스코Crisco는 특허약, 살균제, 치약, 식품 중 무엇인가?', '워싱턴이 첫 번째라면 애덤스는(미국의 초대 대통령 조지 워싱턴과 2대 대통령 존 애덤스에 대해 묻는 문제—옮긴이 주)?' 실제로 이 연구 결과 외국 출신 신병이 미국에서 거주한 기간이 얼마나 오래되었느냐에 따라 더 나은 성과를 보인 것으로 나타났다. 따라서 당시 연구자들은 이를 통해 '선척적' 요인이 지능의 수준을 결정짓는 절대적인 기준이 될 수 없음을 깨달았어야 한다. 선청성과 후천성에 대한 이야기는 다음 장에서 더 자세히 다루도록 하겠다.

이와 같은 예를 통해 심리학자들이 당대의 지배적인 관점을 강화하고 지속시키는 것이 얼마나 쉬운지 알 수 있다. 비판 의식 없이 당연하게 여겨지는 지식을 기반으로 사람들을 특정 범주별로 분류한 다음, 범주별로 차이점을 찾아낸다. 심리학자들은 널리 알려진 의견이라는 이유로 이러한 차이를 선천적이라고 가정한다. 다른 관점에서 설명이 가능한지 여부를 충분히 고려해 본다거나 근거로 삼고 있는 요소에 편견이 들어가지 않았는지 면밀히 검토하는 과정은 제외된다.

캐롤 타브리스Carol Tavris가 자신의 저서 『여성과 남성이 다르지도 똑같지도 않은 이유The Mismeasure of Women』[7]에서 지적했듯이, 젠더의 심리학 역사에도 유사한 예가 많다. 예를 들어, 순응도에 대한 초기 연구 결과 여성이 남성보다 더 순응적인 것으로 드러났다. 그리고 이 연구 결과는 지능 면에 있어 여성이 선천적으로 남성보다 열등한 존재라는 이론을 뒷받침하는 데 사용되었다. 하지만 그 후의 연구 결과에 따르면 여성과 남성의 순응도는 거의 동일하며, 우리가 주어진 일에 순응하는 여부는 그 일의 친숙도와 훨씬 더 깊은 관련이 있다.[8] 앞서 언급한 초기 연구에서는 성장 방식 때문에 여성보다는 남성에게 더 친숙한 일—이를 테면 기계에 관한 일—이 과제로 주어졌다. 당시 심리학자들은 그와 같은 연구 결과가 자신의 여성 혐오주의적 가정을 확인해 주었으므로 더 깊이 살펴보지 않았다.

앞에 언급한 사례들을 보며, 과거의 심리학자들은 편견에 사로잡혀 있었지만 지금은 훨씬 더 많은 것을 알고 있으며, 우리는 이와 비슷한 종류의 실수를 저지르는 일은 결코 없으리라 결론 내릴지 모른다. 그러나 이와 같은 확신은 오히려 같은 실수를 반복할 가능성에 우리 스스로를 훨씬 더 많이 노출시키는 결과를 가져올 수 있다는 점에서 위험하다. 심리학자 로잘린드 길Rosalind Gill이 '당신은 문화의 틀을 벗어날 수 없다'고 아주 간결하게 정리해 말한 것처럼, 우리는 과거의 일뿐만 아니라 현재 하고 있는 일에도 비판적 시각을 가질 필요가 있다.[9]

섹스의 심리학이 형성되는 과정

확실히 섹스와 섹슈얼리티 분야의 심리학 교재들을 보면, 섹스의 심리학이 특정한 지배적 문화 규범과, 심리학자들이 이러한 규범을 바라보는 방식에 의해 형성된다는 것이 명백해진다. 다루고 있는 주제와 저자가 중요하다고 여겨 포함시킨 연구와 이론을 비롯해 이들이 논의되는 방식은 책마다 현저히 다르다.[10] 따라서 이 책에서 섹스의 심리학에 대해 내가 하는 이야기들에 대해서도 독자가 비판적으로 생각하기를 바란다. 다른 책을 읽을 때도 마찬가지이다. 다른 모든 저자들과 마찬가지로 나 또한 이 주제에 대한 나의 관점과 경험, 문화적 배경 및 그것을 내가 이해하는 방식에 영향을 받는다.[11]

이 책에서 나의 계획은 심리학이 섹스와 섹슈얼리티에 관해 밝혀낸 사실들을 전달하는 것이다. 또한 나는 심리학이 섹스와 섹슈얼리티에 관한 특정 견해들을 만들어 내고 고착화하는 일을 해 온 사실에 대해서도 이야기할 것이다. 심리학이 이 두 가지 역할 모두를 한다는 사실을 독자들은 명심해야 한다. 2장에서는 심리학자들과 성과학자들이 섹슈얼리티를 측정하는 방식이 지배적인 문화적 관점에 영향을 받은 동시에 그러한 관점을 공고히 하는 데 기여하고 있다는 사실을 다룰 것이다. 3장과 4장에서는 정신과 의사와 심리학자가 사용하는 성적 문제 및 '성적 도착paraphilias'의 진단 범주가 수년에 걸쳐 극적으로 변해 온 모습—심리학과 변화하는 당대 문화 간의 관계를 분명하게 보여 주는 증거—에 대해 다룬다. 5장에서는 현재 성애화를 둘러싸고 이루어지고 있는 논쟁에서 각기 다른 견해를 가진 심리학자들이 내놓은 연구 및 이론을 살펴볼 것이다.

섹스란 무엇인가

이 질문은 책 전반에 걸쳐 이 분야의 심리학 이론과 연구를 분석하는 동안 계속해서 등장할 것이다. 이러한 이론과 연구들이 섹스에 대한 우리의 지식에 어떤 영향을 미쳤으며 어떤 식으로 지배적인 문화적 가정을 뒷받침하거나 반박해 왔는지와 관련한 질문이다. 일상생활의 심리학과 관련한 많은 주제들과 마찬가지로, 섹스는 우리 모두가 경험을 통해, 또 우리의 문화에 유포되어 사실처럼 받아들여지는 견해들을 통해 우리가 이미 알고 있다고 생각하는 대상이다. 이 책에서 다루게 될 각 주제에 대한 논의는 이러한 '상식적' 지식에서 시작한다. 사람들이 섹스에 대해서 이야기할 때 당연하게 여기는 것들은 무엇이며 섹스 매뉴얼이나 TV 다큐멘터리, 인기 있는 잡지에서 볼 수 있는 대중의 관점은 무엇인가? 그런 다음 우리의 상식적 견해를 보여주는 근거를 살펴보고 심리학—그리고 기타 관련 분야의 학문—이 오늘날 섹스를 이해하는 우리의 방식에 어떤 영향을 미쳤는지를 알아보기 위해 이 분야의 심리학 이론과 연구를 알기 쉽게 분석할 것이다.

섹스는 어디에나 있으면서도 어디에도 없다는 면에서 흥미로운 주제이다. 5장에서도 따로 다루겠지만, 현재 우리는 극도로 성애화된 문화, 성적인 것을 다루는 미디어, 성과 관련된 조언과 경고로 가득한 세상에서 살고 있다는 느낌이 있다. 버튼을 누르기만 하면 성관계 동영상을 비롯해 성적 관행 또는 성적 문제에 대한 갖가지 정보, 최신 성적 스캔들에 대한 모든 종류의 의견 등을 아주 쉽게 접할 수 있다. 하지만 동시에 섹스는 여전히 거대한 금기로 여겨지기도 한다. 이 책의 나머지 부분에서는 우리 사회에 여전히 존재하는 성적 기준을 벗어나는 것에 대한 불안감과 더불어 성적으로 평가당하는 것에 대한 부담, 충분히 섹시해야 한다는 강박에서 오는 두려움에 대해 이야기할 것이다. 사람들은 전문가나 아이들, 심지어 실제로 섹스하는 대상과도 섹스에 관한 대화를 나누지 않는다. 또한 사람들은 여전히 개인의 성적 행위와 취향으로 인해 조롱당하고 낙인찍히며, 소외당하고 병적인 존재나 범죄자와 같은 취급을 받는다.

이러한 이유로 심리학자와 다른 분야의 학자 및 전문가들이 섹스에 대한 명확하고 정확하며 유용한 정보를 수집하고 알리는 것이 특히 중요하다. 더불어 그들 스스로 자신의 이론과 연구가 개인적 경험과 자신이 속해 있는 문화에 의해 어떤 식으로 영향을 받는지, 또 그러한 문화와 타인의 경험을 형성하게 되는 힘(그리고 그 힘에 따르는 책임)을 인식하는 일 또한 반드시 필요하다.[12]

다음 그림은 심리학과 대중문화, 그리고 개인 경험의 잠재적인 상호 관계를 보여 줌으로써 지금까지 우리가 이 장에서 이야기한 것을 요약한다.

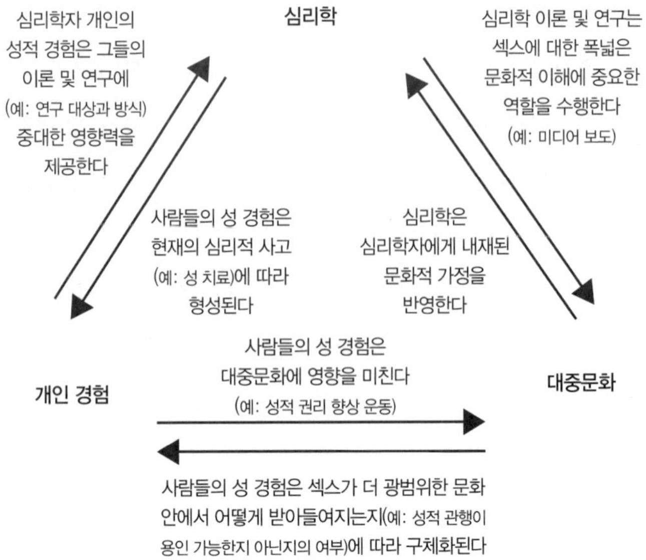

그림 1.1 심리학, 대중문화, 개인 경험의 관계

섹스가 포함하고 있는 다양한 의미들

책을 읽는 동안 위의 그림을 다시 확인하는 것이 도움이 될 수 있다. 이제부터 그림에 요약된 다양한 상호 작용의 사례를 면밀히 살펴볼 것이기 때문이다. 우리가 다루게 될 다수의 예는 과거의 사례들이다. 이는 과거 유사한 사례들의 발생 경위를 살펴보는 것이 도움이 되는 경우가 많기 때문이다. 그러나 이러한 사례들이 오늘날 우리와 연계되어 있는 섹스의 심리학에도 똑같이 적용된다는 사실을 끊임없이 상기해야 한다. 이 장에서 언급한 지능 테스트 및 젠더 적합성 사례들이 현재의 우리에게 낯설고 충격적으로 다가오듯이, 우리가 지금 하고 있는 연구 또한 백 년 후에는 그렇게 느껴질 수 있다.

다음 네 개의 장에 걸쳐 섹스가 포함하고 있는 네 가지 의미에 대해 살펴보겠다.

- 2장: 섹슈얼리티 또는 성적 지향의 맥락에서의 섹스(생물학적 의미의 성—옮긴이 주) 및 젠더(사회적 의미의 성—옮긴이 주)를 의미하는 섹스(자신이 끌리는 성)
- 3장: '성행위' 또는 '성교'로서의 섹스와 제대로 기능하거나 기능하지 못하는 것으로 간주되는 섹스
- 4장: 성적 관행 및 성적 관계로서의 섹스와 정상 또는 비정상이라고 정의되는 섹스
- 5장: 섹시함으로서의 섹스, '훌륭한 섹스', 그리고 '성애화'가 되어 가는 이들을 둘러싼 우려

02

섹스와 섹슈얼리티

우리는 섹스를 인간으로서의 우리를 정의하는 본질적인 측면이라고 여기는 경향이 있다. 개인의 섹슈얼리티는 그 사람이 가진 정체성의 필수적 측면—젠더, 연령, 민족성과 더불어 인구 통계학적 정보의 핵심 요소—으로 간주된다. 우리는 사람들이 자신의 섹슈얼리티에 대해 터놓고 얘기하는 것—자신의 있는 그대로의 모습을 '드러내는' 일—이 중요하다고 생각한다. 그리고 누군가의 섹슈얼리티에 대한 우리의 지식이나 가정들은, 상대가 어떤 사람일지에 대한 우리의 예상에 영향을 미친다.

섹슈얼리티란 무엇인가

섹슈얼리티는 우리에게 무엇을 의미할까? 문서나 설문지를 작성할 때 섹슈얼리티를 묻는 항목이 있다면 어떤 대답을 하게 될지 잠시 생각해 보자.

2장에 들어가기에 앞서 섹슈얼리티에 대한 일반적인 문화적 가정을 살펴보자. 그 과정을 통해 그것이 우리가 섹슈얼리티를 이해하고 경험하는 데 영향을 미치는지 여부에 대해 생각해 볼 수 있을 것이다.

'섹슈얼리티', '성 정체성', '성적 지향'이라는 용어는 상호 교환적으로 사용되는 경향이 뚜렷하며, 후자의 두 용어는 섹슈얼리티가 의미하는 바를 알기 쉽게 설명하는 데 도움이 된다. 섹슈얼리티는 우리가 성적으로 지향하는 대상이 누구인지—즉, 어떤 대상에게 성적으로 끌리는지—에 의해 정의되는 정체성의 주요한 특징이다.

정체성으로서의 섹슈얼리티는 일반적으로 우리가 누구인지를 결정짓는 필수적인 요소, 즉 인간으로서 우리가 가지고 있는 본질로 간주된다. 따라서 섹슈얼리티는 보통 인생을 사는 동안 변하지 않고 고정된 것으로 여겨지는데, 이는 섹슈얼리티를 인구 통계학적 정보에 포함시키는 것이 타당하다고 할 수 있는 이유 중 하나이다. 섹슈얼리티는 또한 '당신은 이런 식으로 태어났으며 앞으로도 이렇게 살아갈 것이다'처럼 우리가 어떤 사람인지를 정의하는 선천적이거나 생물학적인 특징으로 생각된다.

'지향'으로서의 섹슈얼리티는 자신의 성과 상대의 성과 관련해 누구에게 성적으로 끌리는지에 대한 모든 것을 의미한다. 우리는 '이성異性'에 끌리는가 아니면 '동성同性'에 끌리는가? 우리는 이성애자인가 동성애자인가? 일반적으로 우리는 누군가 자신이 동성애자라고 말하지 않는 이상 당연히 이성애자라고 가정한다. 커밍아웃(성 소수자가 자신의 성적 지향이나 정체성을 공개적으로 드러내는 일—옮긴이 주)은 이성애자보다는 동성애자와 관련이 있다. 또한 우리는 이성애자가 아닌 사람들에게 더 많은 궁금증을 가지고는 한다. 이는 이성애를 정상으로, 동성애는 정상의 범주를 벗어난 어떤 것이라고 보는 대중의 인식을 넌지시 드러낸다.

따라서 섹슈얼리티에 대한 공통적인 문화적 이해를 요약하자면 다음과 같다.

표 2.1 성적 지향

		____에게 끌린다	
		남성	여성
나는 ____이다	남성	동성애	이성애
	여성	이성애	동성애

- 섹슈얼리티는 '이분법'으로 나뉜다. (우리는 이성애자이거나 동성애자이다.)
- 섹슈얼리티는 정체성을 완성하는 하나의 요소이며, 사람들을 이 두 개의 상자 중 하나로 '분류'하는 기준이 된다.
- 섹슈얼리티는 '본질적'인 것으로, 시간이 지나도 변하지 않는 고정된 특징이다.
- 섹슈얼리티는 우리의 섹스와 우리가 끌리는 사람들의 섹스에 관한 모든 것(우리가 남성인지 여성인지, 남성에게 끌리는지 여성에게 끌리는지의 여부)이다.
- 섹슈얼리티는 우리가 태어나면서부터 가지고 있는 '자연적'인 특징이며 우리가 누군지를 결정짓는다.

심리학과 섹슈얼리티

앞서 언급한 섹슈얼리티에 대한 견해들은 대체로 의심할 여지가 없어 보인다. 다시 말해, 우리 대부분이 섹슈얼리티에 대한 관념을 당연하게 받아들인다. 하지만 독자는 위의 목록을 읽는 동안 이미 그중 몇 가지에 대한 의문이 들기 시작했을 것이다. "잠깐, 그럼 양성애자는?"이라든지, "나중에 섹슈얼리티가 바뀐 사람도 있던데?"라든가 아니면 "선천적이냐 후천적이냐에 대한 논쟁이 있지 않나?"와 같은 질문이 머리를 스쳤을 수도 있다.

이 장에서는 심리학이 지난 수백 년에 걸쳐 이와 같은 견해들을 형성하고 대중의 의식 속에 공고히 자리 잡게 하는 데 중요한 역할을 했음을 확인하게 될 것이다. 그러나 최근 몇 년 사이에 심리학자들은 이러한 고착된 가정에 의문을 제기하고 섹슈얼리티가 앞서 언급한 일반적 견해들의 집합보다 훨씬 다양하고 복잡할 수 있다는 연구 결과를 도출하는 역할도 했다. 이 장의 나머지 부분에서는 심리학자들, 다른 분야를 연구하는 과학자와 사회학자들이 섹슈얼리티를 '측정'하는 다양한 방법을 소개한다. 이는 앞서 언급된 가정들 각각을 더 깊이 탐구하는 데 도움이 될 것이다. 또한 1장에서도 언급했듯이 심리학자들이 대상을 정의하고 측정하는 방식이 완전히 중립적이고 객관적이지 않음을 효과적으로 입증하기도 한다. 정의하고 측정하는 방식은 오히려 폭넓은 문화적 가정에 뿌리를 두고 있는 경우가 많으며 심리학자들은 그 문화에 소속된 인간으로서 이러한 가정들을 용인한다. 그리고 이와 같은 측정 방식에 기반을 둔 연구는 보통 이렇게 내재된 문화적 가정에 더욱 힘을 실어 준다.

게이, 아니면 정상?

우리 대부분이 자신의 섹슈얼리티에 대해 처음 생각해 보게 한 질문은 아마도 이런 식이었을 것이다. "게이야, 아니면 정상이야?" 그리고 이러한 질문 자체가 가능하다는 것을 알게 되기까지 우리는 아마도 자신이—그리고 다른 사람들도—이성애자라고 생각했을 가능성이 매우 높다. 압도적으로 많은 책과 영화, 아동용 교육 자료 등이 남녀 한 쌍이나 어머니와 아버지가 있는 가정의 전형을 보여 주고 있음을 고려할 때 말이다.[1] 어린 시절 자라면서 접한 이야기, 어린이 영화, 교훈 중에 기억나는 것들을 떠올려 보라. 이처럼 인간은 일반적으로 이성애자라고 단정 짓는 가정을 '이성애 규범성(이성애적 관계를 규범으로 보고 다른 모든 형태의 성행위를 이 규범에서 벗어난 일탈로 보는 경향을 뜻하는 용어—옮긴이 주)'이라고 부른다.

안타깝게도 대부분의 사람들은 여전히 이성애가 아닌 것은 나쁘다고—또는 적어도 이상하다고—여기는 환경 안에서 이성애가 아닌 다른 성적 지향이 존재할 수 있다는 가능성을 발견한다. 게이라는 단어나 그밖에 동성애를 경멸하는 표현들은 여전히 어린 학생들 사이에서 흔히 사용되는 욕이다.[2]

그러나 이성애자가 아니면 동성애자라는 생각은 사람들이 항상 섹슈얼리티를 이해하는 방식은 아니었다. 섹슈얼리티의 역사를 연구하는 사학자들은 19세기의 '동성애라는 개념의 발견'에 대해 이야기한다. 만약 우리가 19세기 이전에 살았더라면, 누군가를 동성애자 또는 이성애자라고 생각하는 것조차 말이 되지 않았을 것이다.

초기 성과학은 어떤 모습이었나

19세기 말, 다양한 학자들이 섹스를 분류하고 범주화하는 연구를 시작했다. 그 시점에 심리학은 여전히 초기 단계에 머물러 있었고, 초기 성 학자 다수가 보통 말하는 엄밀한 의미의 심리학자라기보다는 정신과 의사 혹은 다른 분야의 의사였다. 리처드 폰 크라프트-에빙Richard von Krafft-Ebing, 마그누스 히르슈펠트Magnus Hirschfeld, 헨리 해블록 엘리스Henry Havelock Ellis 같은 성과학자들은 의학과 과학에서 인기 있던 분류법을 섹슈얼리티 분야에 적용했다. 일반적으로 그들은 여러 유형의 성적 일탈sexual deviance을 범주화하려고 시도했다.

섹스의 정상성과 비정상성이라는 측면에 대한 우리의 생각을 형성하는 데 있어 초기 성과학이 어떤 중요한 역할을 했는지에 관해서는 4장에서 다시 다룰 것이다.

이번 장에서 주목할 부분은 이와 같은 분류법으로 인해 섹슈얼리티를 바라보는 관점이 우리가 한 '행위'에서 우리를 정의하는 '정체성'의 문제로 옮겨 가기 시작했다는 점이다. 그전에는 소도미sodomy(본래 성기와 성기의 결합이 아닌 항문 성교나 구강성교, 수간獸姦 등 소위 '부자연스럽다'고 일컬어지는 성행위 형태의 통칭. 오늘날 소도미는 주로 동성 간의 성행위를 의미하는 용어로 쓰인다. 비슷한 용어로 계간, 비역 등이 있는데, 이는 주로 남성 간의 성행위에 적용된다.—옮긴이 주)와 같은 일부 성적 행위가 죄악이나 범죄로 간주되기는 했지만, 그 사람을 특정한 유형의 인간으로 규정하는 근거는 아니었다. 우리가 동성애 또는 이성애를 '발명'했다고 이야기할 수 있는 이유이다. 과거에는 누군가를 동성애자 또는 이성애자라는 관점에서 보지 않았을 것이기 때문이다.

섹슈얼리티를 정체성의 일부로 이해하기 시작하면서 사람들이 대우받는 방식은 눈에 띄는 변화를 겪었다. 그 변화란 이제 사람들이 자신의 섹슈얼리티를 이유로 차별받고 범죄자나 병적 존재와 같은 취급을 당할 수도 있게 되었다는 것—본질적으로 악하거나 잘못되거나 혹은 병이 있는 사람으로 보일 수 있다는 것—을 의미했다. 이는 또한 사람들이 자신이 누릴 권리를 위해 싸워야 할 수도 있음을, 즉 누군가는 자신의 섹슈얼리티로 인해 다른 모든 이들과 동등한 대우를 받을 당연한 권리를 주장해야 하는 특정한 종류의 인간이 될 수도 있음을 의미했다. 실제로 최초의 성과학자들 중 일부는 초창기 버전의 동성애자 권리 운동에 관여했다.

프로이트와 정신 분석가

정신 분석의 아버지 지그문트 프로이트Sigmund Freud는 초기 성과학자들의 사상을 발전시켜 대중의 뇌리에 분명하게 자리 잡게 하는 데 큰 역할을 했다. 대부분의 초기 성과학자들이 사람의 섹슈얼리티는 생물 의학적으로 설명할 수 있다고 믿었던 것과 달리, 프로이트는 섹슈얼리티가 시간이 지나면서 발달하는 것이라고 생각했다. 하지만 프로이트는 여전히 본질주의자였다. 섹슈얼리티가 성인이 되면 결정되는 개인의 본질적인 특징이라고 보았기 때문이다.

프로이트는 섹슈얼리티에 두 가지 주요한 측면이 있다고 생각했다. 성적 목적sexual aim과 성적 대상sexual object이 그것이다. 다음 장에서는 성적 목적에 대해 다시 논의하도록 하겠다. 우리가 성적 만족을 느끼는 신체 부위에 대한 이야기이기 때문이다.

성적 대상에 관한 프로이트의 이론은 이 장에서 다루고

있는 섹슈얼리티를 동성애자와 이성애자로 나누는 이분법적 사고를 확고히 하는 데 중대한 역할을 했다. 그의 이론에 따르면, 인간은 '다형적 도착성polymorphously perverse'을 가지고 태어나며 상대의 젠더에 상관없이 성적으로 끌릴 수 있다. 그러나 일련의 발달 단계를 거쳐 마침내 성숙한 섹슈얼리티를 완성하게 된다. 이처럼 프로이트는 인간이 안정적인 성적 대상 선택object choice 단계에 이르게 된다고 이론화했다. 오이디푸스 콤플렉스를 겪고 난 뒤 이성에 끌리게 된다는 것이다. 이는 이성의 부모와 성적으로 결합하기를 바라는 동시에 동성의 부모를 경쟁자로 인식하는 단계를 지나, 자신을 동성의 부모와 동일시하는 단계로 들어서는 과정을 포함한다. 이 이론에 따르면 오이디푸스 콤플렉스를 완전히 극복하지 못할 경우 동성에게 끌리게 될 수 있다.

이를 통해 우리는 초기 성과학자들과 정신 분석가들이 오늘날 우리가 섹슈얼리티를 바라보는 관점—인간의 정체성을 결정짓는 본질적인 특징이자 동성애 아니면 이성애 둘 중 하나에 속하는 것—에 대한 청사진을 그려 놓았음을 알 수 있다.

심리학자의 세상에는 이성애자와 동성애자뿐일까?

오늘날 대부분의 주류 심리학자들은 프로이트 이론에 시간을 거의 할애하지 않는다. 조금의 과장도 없이 그 이론들이 비과학적이라고 생각한다![3] 그러나 인간이 본래 타고난 동성 혹은 이성을 향한 성적 지향을 가지고 있다는 생각은 상대적으로 별문제 없이 수용되었다.

몇 년 전 나는 섹슈얼리티를 어떻게 다루고 있는지 알아보기 위해 그 당시 주류를 이루던 심리학 교재들을 검토했다.[4] 그리고 이 주제가 전적으로 교재의 생물 심리학 부분에서만 다루어지고 있다는 사실을 발견했다. 정말로 섹슈얼리티를 이해하는 주된 방식이 프로이트 이후의 후천적 관점에서 선천적 관점으로 회귀해 있었다. 대부분의 교재가 섹슈얼리티를 동일한 방식으로—어떤 사람들은 왜 동성애자인가에 대한 (대체로 생물학적인) 이유를 설명하는 부분에서—다루고 있었다. 특히 '게이 유전자'에 대한 조사와 유전적 원인을 제시할 수도 있는 이성애자와 동성애자의 차이에 대한 관련 연구가 일반적이었다. 이에 대한 자세한 논의는 나중에 선천적인지 후천적인지의 문제로 돌아가 다시 다루도록 하겠다. 우리는 이러한 분석을 통해 심리학에서 섹슈얼리티를 이분법으로, 또 고정된 대상으로 본다는 것을 알았다. 동시에 이성애는 표준으로 인식하는 반면, 동성애는 존재 자체에 대한 일종의 설명이 필요한 것으로 간주하는 시각이 여전히 매우 일반적이라는 사실을 알 수 있다.

심리학에서 볼 수 없는 양성애자

우리가 여기서 생각해 봐야 할 점은 심리학 교재들에서 양성애자의 존재 가능성에 대한 언급이 거의 없었다는 사실이다. 그중 절반은 "왜 어떤 사람들은 이성의 파트너를 선호하고 어떤 사람들은 동성의 파트너를 선호하는가?"와 같은 질문을 던지면서도, 누군가는 이성과 동성 중 하나를 혹은 둘 다를 원할 수도 있다는 사실은 배제하며 그 존재를 전혀 인정하지 않았다. 나머지 절반의 책은 양성애에 대해서는 아주 간단히 언급한 뒤 이성애자와 동성애자에 관한 이론 및 연구만을 중점으로 다루고 있었다. 양성애자에 대한 언급은 그 존재를 경시하고자 이루어졌다. 양성애자라는 것은 존재조차 하지 않는다고 주장하거나 극히 드문 경우로 치부했다.

최근 수십 년 동안 심리학 분야에서는 양성애를 성적 지향의 일종으로 보는 것이 합리적인가에 대한 질문이 종종 제기되었다. 많은 심리학자들이 섹슈얼리티는 오직 두 가지로만 분류되며, 따라서 양성애라는 것은 있을 수 없다고 주장해 왔다.

특히 『뉴욕 타임스』에는 양성애자가 '이성애자이거나 동성애자이거나 거짓말쟁이'임을 증명하는 유명한 연구에 대한 기사가 실리기도 했다.[5] 이 연구에서 주장하는 결과에 따르면 자신이 양성애자라고 밝힌 남성들의 경우 실제로는 '동성애적'이거나 '이성애적'인 방식으로만 반응했다.[6] 이 연구에서는 각각 동성애자, 이성애자, 양성애자로 알려진 남성들이 '음경 혈량 측정계penile plethysmography, PPG', 즉 음경의 발기 정도를 측정하는 장치에 연결되었다. 그런 다음 그들은 두 남성 또는 두 여성이 섹스하는 포르노 영상을 시청했다. 그 결과 피실험자의 약 3분의 1은 두 종류의 자극 모두에 대해 데이터 분석이 가능할 만큼 충분한 반응을 보이지 않았다. 나머지 3분의 2는 대체로 둘 중 하나에 반응했으나 둘 다에 반응하지는 않았다. 자, 잠시 이 연구에 대해 어떤 생각이 드는지 주의를 기울여 보자. 생리적 자극을 측정하는 것이 개인의 '진짜' 성적 지향을 알아내는 좋은 방법인가? 이 연구가 양성애적 끌림bisexual attraction이 존재하지 않는다는 결론을 뒷받침한다는 것에 동의하는가?

이 연구는 몇 가지 이유로 비판받았다. 확실한 것은 피실험자의 음경이 두 남성이 섹스하는 영상에 반응했다면 '동성애적으로 끌리는 것'이고 두 여성이 섹스하는 영상에 반응했다면 '이성애적으로 끌리는 것'이 사실인지에 대한 의문이 들 수 있다는 점이다. 연구자들이 남성과 여성이 등장하는 포르노 영상을 실험에 포함시키는 것을 원치 않았음은 자명해 보인다. 그렇게 되면 불분명한 결과가 나올 것이기 때문이다. 하지만 이성애자 남성이라면 반드시 두 여성이 섹스하는 영상에 반응할까? 여성이 두 남성이 등장하는 포르노 영상에 반응했다면, 그 여성을 이성애자라고 결론지을 수 있을까? 또한 양성애자 남성 다수가 연구에서 배제되었을 가능성도 있어 보인다. 두 가지 영상 모두에 충분한 반응을 보이지 않아 어디에도 포함되지 않는 집단으로 분류되었을 것이다.

흥미롭게도 몇 년 후 같은 연구소에서 그 연구를 다시 수행하였다.[7] 연구소는 당시 받았던 비판을 수용한 뒤, 양성애적 끌림 양상을 보인 피실험자들을 실제로 발견했다. 비록 섹슈얼리티에 대한 이분법적 사고를 깨는 과정이 아직까지는 느리게 진행되고 있기는 하지만, 이러한 사례를 통해 심리학이 양성애의 존재를 인정하는 방향으로 나아가면서 커다란 변화가 생기고 있음을 알 수 있다.

섹슈얼리티를 이분법적으로 이해하는 방식은 문화적으로 매우 뿌리 깊게 박혀 있으며, 미디어에서는 여전히 양성애를 의구심이 드는 미심쩍은 존재, 또는 '일시적 단계'이거나 애초에 존재하지 않는 것으로 묘사하는 경우가 많다. 양성애를 경험한 이들과 관련된 정신 건강에 대한 심리학 연구에 따르면, 양성애자들은 이성애자나 레즈비언 및 게이보다 정신 건강이 좋지 않다는 사실이 압도적으로 드러난다. 이는 양성애자들이 자신의 섹슈얼리티로 인해 존재를 부정당하거나 낙인찍히는 경우가 많다는 사실과 관련이 있다.[8] 우리는 양성애자의 존재에 관한 이 연구가 처음 수행되었을 때부터 시간이 흘러 재수행되기까지—양성애자들이 실제로는 동성애자이거나 이성애자이거나 거짓말쟁이라는 사실을 과학이 입증했다는 것을 거의 모두가 믿고 있던 시기에—양성애자로 살아가는 일이 어땠을지 자문해 볼 수 있을 것이다.

범주인가, 연속체인가

이와 같이 요즘 심리학에서는 섹슈얼리티가 이분법적으로 구분되는 대상이 아니라는 사실에 전반적으로 동의하고 있으며, 이러한 추세가 대중문화에도 서서히 스며들고 있다. 이런 이유로 앞서 언급한 정신 건강 관련 연구와 같은 섹슈얼리티 연구는 이제 섹슈얼리티의 세 가지 범주를 포함한 인구 통계학적 척도를 고려해 진행하는 경향이 있다. 다음에 평등과 인권 위원회the Equality and Human Rights Commission가 제시한 현재의 성적 지향 인구 통계학적 척도가 있다.[9]

인구 통계학적 척도

다음 항목 중 스스로 생각하기에 자신을 가장 잘 표현한 것은 무엇인가?

이성애자	□	동성애자	□
양성애자	□	기타	□
응답 원치 않음	□		

여기서 잠시 멈추고 어떤 항목에 체크할지 곰곰이 생각해 보자. 한 사람의 섹슈얼리티를 이해하는 데 있어서 이 척도가 보여 주는 인구 통계학적 데이터는 무엇이며, 누락된 것은 무엇일까?

이 질문에 답하면서, 이와 같은 성적 지향 딱지들이 우리가 스스로를 규정하는 방식에 대한 이해를 돕기는 하지만 이것이 꼭 그 사람의 실제 행동이나 성적 끌림에 대한 모든 것을 설명해 주지는 않는다는 생각을 했을 것이다. 이는 음경 혈량 측정 및 질 혈류 측정vaginal photoplethysmography 연구들이 해결하고자 하는 문제 중 하나이다. 예를 들어, 누군가 한 개 이상의 젠더에 대한 성적 경험이나 끌림이 있었을지라도 여전히 스스로에게 이성애자 또는 동성애자라는 딱지를 붙일 수 있다. 그리고 그 이유는 아마도 동성애를 혐오하는 시선이 걱정되거나(자신을 이성애자라고 칭하는 경우) 자신이 동성애자 공동체의 일부라고 느끼고 그로부터 거부당하기를 원치 않기 때문일 것이다(자신을 동성애자라고 칭하는 경우).

자신을 특정 성적 지향이라고 정의하는 것 또한 문화적 특수성이다. 즉, 모든 문화 및 공동체에서 그렇게 하는 것은 아니다. 결국 남은 선택지는 이성애자, 양성애자, 동성애자 세 개뿐이다. 그리고 아마도 이것이 사람들의 다양한 성적 끌림을 다 포함하고 있는 것인지 의문이 생길 것이다. 이 문제에 대해서는 곧 다시 다루도록 하겠다.

이처럼 정체성 꼬리표가 인간의 섹슈얼리티를 완벽하게 담아내지 못한다면, 그것을 측정할 수 있는 다른 방법으로는 무엇이 있을까? 우리에게 익숙할 수 있는 한 가지 예로는 킨제이 척도Kinsey scale가 있다. 킨제이 척도는 섹슈얼리티가 이분법적인 것이 아니며, 동성애와 이성애 사이에 한 가지 범주를 더 끼워 넣는 것에서 한 발짝 더 나아간 단계라는 인식을 취한다. 즉, 섹슈얼리티를 하나의 스펙트럼 또는 연속선상에 존재하는 것으로 여긴다.

알프레드 킨제이Alfred Kinsey는 1940년대 미국에서 활동한 생물학자였다. 킨제이는 당시의 섹스에 대한 엄청난 문화적 금기와 무지가 자신과 자신이 가르치는 학생들에게 끼친 부정적 영향을 인지했다. 그중 일부는 앞서 살펴본 일탈 이론 및 정신 분석 이론의 성과학이 남긴 유산이었다. 이러한 이유로—사람들이 실제로 성적으로 무엇을 하고 있는지 알리기 위해—킨제이는 과학적으로 섹스를 연구하기 시작했다. 킨제이 연구팀은 수천 명을 대상으로 광범위한 섹스 이력 관련 인터뷰를 실시했다. 그리고 이를 바탕으로 『인간 남성의 성적 행동Sexual Behavior in the Human Male』과 『인간 여성의 성적 행동Sexual Behavior in the Human Female』을 출간했다. 이 두 권의 책은 '킨제이 보고서Kinsey Reports'로 널리 알려져 있으며 출간 즉시 베스트셀러가 되었다.[10] 섹스에 대한 문화적 가정을 뿌리까지 뒤흔들었던 여러 연구 결과 중에서도, 킨제이 보고서는 남성의 92%와 여성의 62%가 자위를 한 경험이 있으며, 커플 중 70%가 구강성교를, 11%가 항문 성교를 한 경험이 있었고, 67~98%의 남성과 약 50%의 여성이 결혼 전 섹스 경험이 있다는 사실을

보여 주었다.[11]

하지만 여기서 가장 흥미로운 것은 킨제이 척도이다. 킨제이는 인간의 정체성보다는 행동에 관심이 있었기 때문에, 사람들에게 개인의 섹슈얼리티를 묻는 대신 각자의 성적 경험을 토대로 사람들을 배타적 이성애에서 배타적 동성애까지의 연속선상에 배치했다.

킨제이 척도

0 배타적 이성애exclusively heterosexual

1 주로 이성애, 우발적으로만 동성애predominantly heterosexual, only incidentally homosexual

2 주로 이성애이지만 우발적인 것 이상의 동성애predominantly heterosexual but more than incidentally homosexual

3 이성애와 동성애 동등equally heterosexual and homosexual

4 주로 동성애이지만 우발적인 것 이상의 이성애predominantly homosexual but more than incidentally heterosexual

5 주로 동성애, 우발적으로만 이성애predominantly homosexual, only incidentally heterosexual

6 배타적 동성애exclusively homosexual

X 성적 끌림 없음No sexual attraction

이 척도를 이용한 조사를 바탕으로 킨제이는 여성의 2~6%와 남성의 4%가 배타적 동성애 성향을 갖고 있다는 사실을 발견했다. 또한 여성의 6~14%와 남성의 46%가 이성애 및 동성애 경험을 모두 가지고 있었으며, 여성의 13%와 남성의 37%가 오르가슴에 이르는 정도의 동성애 경험을 적어도 한 번 이상 해 본 것으로 밝혀졌다.

잠시 멈추고 자신은 킨제이 척도 중 어느 항목에 해당하는지 생각해 보자. 결정하는 데 어려움이 있었는가? 한 사람의 섹슈얼리티를 이해하는 데 있어서 킨제이 척도가 담아내는 것은 무엇이며 놓치고 있는 것은 무엇이라고 생각하는가?

킨제이 척도는 정체성보다는 경험에 기반을 두고 있기에, 다양한 경험들을 분석한다. 이는 성 정체성에 대해 물어볼 때와 성 경험에 대해 물어볼 때 서로 매우 다른 통계 결과가 도출되기 때문에 중요하다. 미국과 영국의 모든 연구를 살펴보면, 스스로 레즈비언, 게이, 양성애자(이하 LGB)라고 주장하는 사람의 수보다 세 배 이상 많은 수의 사람들이 적어도 한 번 이상의 동성 섹스 경험이 있다고 밝히고 있다. 내가 이 책을 쓰고 있는 동안 설문 조사 기관인 유고브YouGov가 가장 최근의 영국 사례를 통해 확인한 결과, 성인의 88.7%가 이성애자, 5.5%는 동성애자, 그리고 2.1%는 양성애자였다. 하지만 킨제이 척도로 재조사한 결과, 전체 성인의 72%, 18~24세 성인의 46%가 '0 배타적 이성애자'라고 응답했으며, 전체 성인의 4%와 청년층의 6%가 '6 배타적 동성애자'라고 답했다. 즉, 전체 성인의 4분의 1과 청년층의 2분의 1이 스스로 양극단의 중간 어딘가에 있다고 여긴다는 것을 의미한다. 양성애가 존재하지 않거나 극히 드물다는 오랜 문화적, 심리학적 관점과 함께 생각해 볼 만한 대단히 흥미로운 통계이다.

킨제이의 연구는 데이터를 수집하고 분석하는 방식에 대해 비판받아 왔다. 그래서 그 연구 결과가 전체 인구를 대표하는지 여부를 판단하기 어렵다. 다시 말하면, 이를 통해 우리는 심리학자들을 비롯한 기타 분야의 과학자들이 섹스와 섹슈얼리티를 연구하는 방식이 연구 결과에 뚜렷한 영향을 미친다는 사실에 경각심을 가져야 함을 알 수 있다. 여러 연구, 문화, 세대에 걸쳐 수년간 변화해 온 숫자들은 우리가 섹슈얼리티를 경험하고 확인하고 알리는 방식에 사회적 요소가 작용한다는 사실을 말해 준다. 이에 관해서는 마지막 장에서 다시 다룰 것이다.[12] 킨제이의 연구 결과는 연구 대상자들이 보고한 성적 행동을 토대로 도출된 것인 반면, 유고브 설문 조사의 응답자들이 자신의 경험이나 성적 끌림에 대해 이야기하고 있는지의 여부는 명확하지 않다. 다음의 그림은 무엇을 묻느냐에 따라 그 비율이 어떻게 달라질 것인가를 생각하는 데 도움을 준다.

성적 정체성과 경험, 끌림이 항상 일치하지는 않는다

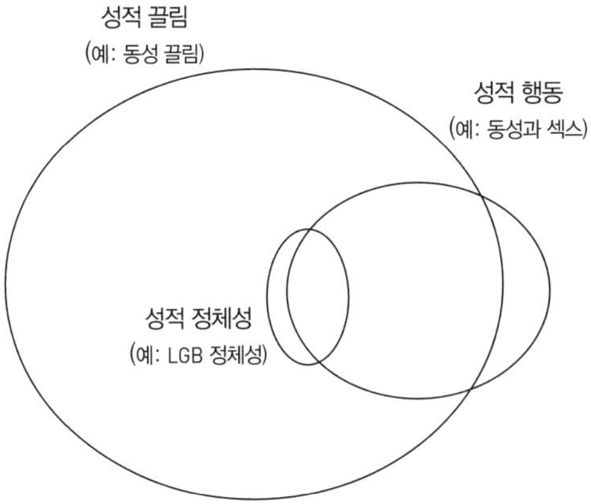

그림 2.1 성적 정체성과 행동, 그리고 끌림

섹슈얼리티의 모든 측면에 있어 가장 많은 비중을 차지한 사람들은 성적 끌림을 느끼면서도 그에 따른 행동을 하지 않거나 자신의 정체성과 동일시하지 않는 경향을 보인다. 이보다 소수 집합의 사람들은 성적 끌림대로 행동하고, 자신의 정체성과 동일시한다. 그림 2.1에서 겹치는 부분은, 어떤 사람들은 섹슈얼리티에 따라 행동하지 않고도 성 정체성을 가지는 사람들(예: 청년층 및 독신주의자), 혹은 자신의 성적 끌림과 일치하지 않는 행동을 하는 사람들(예: 일부 배우, 성 노동자, 자신의 섹슈얼리티에 대해 알아 가는 중인 이들) 때문에 생겨난다.

킨제이 척도의 또 다른 문제점은—적어도 유고브 조사에서 사용되었던 방식에서—인구 통계학에서 사용하는 정체성 용어들과 마찬가지로, 사람들이 설문 조사를 하는 시점에 어떻게 자신의 섹슈얼리티를 바라보는가에 대한 단편적인 정보만을 제공한다는 것이다. 그러므로 우리가 주의하지 않는다면, 어느 한 시점에 단 하나의 척도에만 의존해 이루어진 이와 같은 조사로 인해—실제로 그러한지에 대한 사실 확인 없이—섹슈얼리티가 비교적 정적이고 고정된 것이라는 인식을 가지게 될 수 있다.

고정적인가, 유동적인가

킨제이를 따랐던 미국의 성과학자이자 정신 분석학자인 프리츠 클라인Frits Klein은 앞서 언급한 킨제이 척도의 문제점들을 보완하고자 섹슈얼리티 연구를 위한 격자표를 고안했다.[13] 이 글을 읽고 있는 독자들도 자신을 대상으로 격자표를 완성해 보거나, 이것이 킨제이의 척도보다 더 나은 측정 방법인지에 대해 생각해 보면 좋을 듯하다.

그리고 이를 통해 클라인 척도가 성적 끌림, 행동, 정체성 중 하나만을 연구하는 것이 아니라 세 가지 전부를 다루고 있음을 알게 될 것이다. 또한 이 척도에는 성적 정체성과는 다를 수 있는 정치적 정체성과 같은 추가 요인이 섹슈얼리티에 배치된다. 예를 들어, LGB가 아닌 사람도 친구나 가족이 LGB이기 때문에 LGB 권리 찾기 운동에 관여할 수 있다. 더불어 성적 경험이나 정체성을 정적이고 고정된 것으로 간주하기보다는 그러한 모든 측면이 시간이 지남에 따라 변할 수 있다는 중요한 가능성을 제시한다. 이 척도를 이용한 연구에 따르면, 사람들이 각 요소에 준 숫자는 시간에 따라 달라진다.[14]

표 2.2 클라인 격자표

	조건	10년 이상 전	5년 이상 전	1년 이상 전	작년	앞으로
1	성적 끌림 - 누구에게 끌리는가					
2	성적 행동 - 누구와 섹스를 하는가					
3	성적 환상 - 누구에 대한 성적 환상을 가지고 있는가					
4	정서적 선호 - 누구와 강한 정서적 유대감을 형성하는가					
5	사회적 선호 - 누구와 함께 여가 시간을 보내고 싶은가					
6	생활 방식 - 함께 시간을 보내는 주변 사람들의 성적 정체성					
7	성적 정체성 - 스스로를 성적으로 어떻게 정의하는가					
8	정치적 정체성 - 누구와 자신을 동일시하는가					

1~5번 항목에 대한 척도: 1 = 오직 이성, 2 = 대체로 이성, 3 = 약간 더 이성, 4 = 이성과 동성 동등, 5 = 약간 더 동성, 6 = 대체로 동성, 7 = 오직 동성, 0 = 적용 안 함

6~8번 항목에 대한 척도: 1 = 오직 이성애자, 2 = 대체로 이성애자, 3 = 대체로 양성애자, 가끔 이성애자, 4 = 오직 양성애자, 5 = 대체로 양성애자, 가끔 동성애자, 6 = 대체로 동성애자, 7 = 오직 동성애자

섹슈얼리티는 고정불변이 아니다

섹슈얼리티가 역동적일 수 있다는 클라인의 이론은 그가 이러한 문제들에 대해 글을 쓰고 있던 1980년대 당시에는 즉각적으로 받아들여지지 않았다. 또 클라인 격자표Klein grid는 확실히 킨제이 척도만큼 대중의 관심은 결코 얻지 못했다. 그러나 최근 몇 년간 역동적 섹슈얼리티 또는 '성적 유동성'이라는 개념이 다시 주목을 받기 시작했다. 이 분야의 핵심 연구자는 리사 다이아몬드Lisa Diamond이다.[15] 다이아몬드는 10년에 걸쳐 어느 정도의 동성 끌림을 경험한 여성 100명을 연구했다. 연구 결과에 따르면, 이 연구가 진행되는 기간 동안 100명의 여성 중 약 3분의 2가 가능한 모든 방향(레즈비언 → 양성애자, 양성애자 → 이성애자, 라벨 없음 → 레즈비언 등)으로 최소 한 번 이상 자신의 성적 정체성 라벨을 바꾸었다. 이러한 변화는 연구 대상자의 현재 섹스 파트너나 연애 상대의 젠더와 일치하는 경우가 많았다. 다이아몬드는 이 연구가 성적 유동성—전체 젠더 범주가 아닌 특정 개인에 맞춰 성적, 감정적 끌림을 느끼는 사람들의 수용력—을 입증했다고 결론지었다.

다이아몬드의 초기 연구 이후, 많은 심리학자들이 여성이 남성에 비해 성적으로 더 유동적이라고 주장하면서 성적 유동성의 젠더별 차이에 이목이 집중되었다. 예를 들어, 앞서 언급한 생리적 자극에 대한 연구로 돌아가서, 메러디스 치버스Meredith Chivers 교수와 그녀의 연구팀은 여성의 경우 성행위를 묘사하는 모든 종류(여성과 남성의 행위, 여성 간의 행위, 동물 간의 행위 포함)에 생식적으로 반응하는 경향을 보인 반면, 남성은 시청하고 있는 영상 속 인물의 젠더에 따라—자신의 성적 지향과 일치하는지에 따라—특히 더 구체적인 반응을 보인다는 사실을 발견했다.[16] 리치 사빈 윌리엄스Ritch Savin Williams와 그의 연구팀은 다이아몬드처럼 시간을 두고 성적 정체성 연구를 실시했고, 그 결과 남성의 정체성 라벨은 여성보다 변할 가능성이 낮은 것으로 나타났다.[17] 하지만 미국에서 실시된 또 다른 국가적 조사에 따르면 양성애적 정체성을 지닌 남성의 절반이 시간이 지남에 따라 정체성의 변화를 보였다. 따라서 남성이라는 이유로 반드시 경직되고 고정된 섹슈얼리티를 갖는 것은 아니다.[18]

일부 연구자들은 이러한 조사 결과들을 설명하기 위해

젠더 간 몇 가지 근본적인 차이를 주장하지만, 여기에서는 문화적 동성애 혐오와 양성애 혐오가 하는 역할에 대해 생각해 보는 것 또한 중요하다. 남성성은 여전히 사회 곳곳에서 여성성 및 동성애와 뚜렷이 반대되는 것으로 정의된다.[19] '진짜 남자'는 여성스럽지 않고 동성애자가 아님을 의미한다. 문화적 개입을 뒷받침하는 또 다른 연구에서는 남성과 섹스한 남성을 조사했는데, 이들 중 자신을 동성애자라고 밝힌 경우보다 이성애자라고 밝힌 경우가 더 많았으며, 양성애자라고 밝힌 경우는 거의 없었다.[20] 이유가 무엇이든 간에, 시간이 지남에 따라 어떤 이들은 자신의 섹슈얼리티가 상대적으로 고정되어 있음을 경험하고, 누군가는 좀 더 유동적이고 변화 가능하다고 느낀다.

자신의 섹슈얼리티가 어떤 면이 변했고, 자신이 매력을 느끼는 사람(있는 경우)의 유형이 어떻게 변했으며, 어떤 면이 비교적 원상태를 유지해 왔는지를 돌아보는 것이 도움이 될 수 있다. 여기서 특히 강조할 점은 성적 유동성이 '의지에 따라 변할 수 있는' 대상이 아니라는 것이다. 다양한 성적 경험이 이전에는 깨닫지 못한 끌림과 자극 패턴의 가능성을 열어 준다는 사실을 알게 되는 경우가 있기는 하지만, 개인의 섹슈얼리티를 바꾸려는—대개 좀 더 문화적으로 용인 가능한 패턴에 맞추고자 하는—노력은 대부분 실패해 왔으며 윤리적으로도 매우 의심스러운 면이 있다.[21]

섹스에 관한 모든 것?

인구 통계학적 척도를 사용했는지, 연속체 이론을 적용했는지, 또는 생리적 자극을 측정했는지 여부와 관계없이, 지금까지 우리가 살펴본 모든 연구에서 독자가 알아차렸을 수도 있는 한 가지가 더 있다. 사실 알아차리지 '못했을지도' 모른다. 대부분의 심리학자들이 당연하게 여기는 것이기 때문이다. 바로 모든 연구에는 섹슈얼리티—정체성, 끌림, 고정되거나 유동적인 모든 것—가 우리가 끌리는 대상의 성에 관한 것이라는 가정이 전제라는 점이다. 심지어 킨제이 척도와 클라인 격자표에서조차 인간의 섹슈얼리티를 결정하는 특징이 그 사람이 동성이나 이성에 끌리는 정도라는 가정을 전제로 하고 있다.

이와 같은 가정에는 두 가지 문제가 있다. 첫째, 성적 지향과 마찬가지로 섹스(생물학적 성)와 젠더(사회 문화적 성) 또한 이분법적이지 않기 때문에, 우리가 사용해 온 '같거나 다른' 성이라는 표현 자체에 문제가 있다. 둘째, 그 가정은 우리가 끌림을 느끼거나 섹스를 하는 대상의 섹스나 젠더만큼 중요하거나 심지어 그보다 더 중요할 수도 있는 섹슈얼리티의 다른 모든 특징에 대해서는 설명하지 못한다.

일반적 용법의 섹스와 젠더

심리학자들은 흔히 인간의 생물학적 특징을 지칭하기 위해 '섹스'라는 표현을, 누가 사회적으로 남성성 혹은 여성성과 관련된 (또는 둘 다이거나 둘 다 아닌) 역할 및 행동을 하는지를 이야기하기 위해 '젠더'라는 표현을 사용한다. 그러나 사실 생물학적, 심리학적, 그리고 사회학적 섹스와 젠더라는 표현에는 더 다양한 측면이 존재하기 때문에 이보다 훨씬 더 복잡하며, 이들 중 어느 것도 단순히 이분법적(남성 또는 여성)으로 구분할 수 없다.

생물학을 먼저 예로 들어 보면, 세상에는 모든 층위의 섹스와 젠더에 걸쳐 다양성이 존재한다. 염색체 구조, 호르몬 감도와 비율, 그리고 생식기(그래서 음경penis인지 음핵clitoris인지가 항상 분명한 것은 아니다)의 다양성이 있다. 또한 젠더에 대한 고정 관념(신장, 목소리 높낮이, 힘, 체모의 양, 가슴 둘레)을 토대로 한 예측과 비교했을 때 우리가 '남성' 또는 '여성'으로 간주하는 모든 신체적 특징에도 다양성이 존재하며, 많은 사람들은 스펙트럼의 '반대편' 극단의 특징과 더 잘 들어맞는다. 이와 관련해 앤 파우스토-스털링Anne Fausto-Sterling은 다음과 같이 말한다.

> 남성과 여성이 생물학적 연속체의 극단極端에 위치해 있는 반면, 남성과 여성 모두가 전통적으로 가지고 있는 해부학적 요소들이 명백히 섞여 있는… 신체가 다수 존재한다… 현대의 수술 기법은 이분법적 성 체계를 유지하는 데 일조한다. 오늘날에는—꽤 흔한 현상인—한 가지 성이거나 어느 성도 아니거나 양성으로 아이들이 태어나는 것을 거의 볼 수 없는데, 이런 경우 출생 직후 의사가 수술을 통해 '바로잡기' 때문이다.[22]

최근 연구에 따르면 인간의 두뇌 역시 이분법으로 구분

되지 않는다. 신경 과학자 다프나 조엘Daphna Joel과 그녀의 연구팀은 '남성'과 '여성'이라는 개념이 사회적 통념에서 비롯된 것임을 밝혔다. 전체 인구 중 0~8%만이 성별에 따른 뇌의 특성을 온전히 가지고 있으며, 대다수의 사람들은 남녀의 특성이 어느 정도 골고루 조합되어 있었다.[23]

또 다른 신경 과학자 코델리아 파인Cordelia Fine 역시 신경 가소성neuroplasticity(인간의 두뇌가 경험에 의해 변화되는 능력—옮긴이 주)을 강조했다. 성별에 따른 뇌 구조 차이는 대체로 인간이 성 역할gender roles을 배우는 방식에 기인한다. 즉 그 과정에서 어떤 특정한 신경 연결은 만들어지고 어떤 신경 연결은 만들어지지 않는다는 것이다.[24] 젠더에 따른 뇌 구조의 차이는 보통 원인이라기보다는 젠더로 인해 겪는 경험의 산물이다.

그렇다면 세계적으로 많은 문화권에서 두 개 이상의 젠더를 인정한다는 것은 놀랄 일이 아니다.[25] 서양에서 젠더를 이분법적으로 구별하는 경향이 있음에도 불구하고, 섹슈얼리티의 경우처럼 이 영역에서도 변화가 일어나기 시작한 듯하다. 현재 소셜 미디어 사이트 페이스북에서 제공하는 젠더 정체성 용어의 범위에는 바이젠더bigender('두 젠더'라는 뜻. 남성과 여성 두 가지로 정의하는 사람. 일부 바이젠더는 서로 다른 남성과 여성 페르소나를 가진다.—옮긴이 주), 젠더 뉴트럴gender neutral(중성 혹은 무성으로 간주되는 논 바이너리 젠더 정체성—옮긴이 주), 안드로지너스androgynous(남성적 특징과 여성적 특징의 혼합. 젠더 정체성, 성 정체성, 패션에 이르기까지 여러 가지에 적용될 수 있는 말—옮긴이 주), 젠더퀴어genderqueer(스스로 오직 남성 혹은 여성으로만 정의하지 않는 사람들을 아우르는 말—옮긴이 주), 젠더 플루이드gender fluid(성별이 유동적으로 전환되는 젠더—옮긴이 주)와 같은 옵션들을 포함한 최대 71가지 다양한 용어가 있다. 공식 통계에 따르면, 영국 인구 중 남성과 여성을 초월한 옵션이 주어진 경우 자신을 논 바이너리non-binary(자신을 전적으로 여성 혹은 남성 중 하나의 젠더로 정의하지 않는 사람. 여성과 남성의 스펙트럼 사이 어디쯤으로 자신을 정의할 수 있다.—옮긴이 주)로 정의한 비율이 250명 중 1명 정도이다.[26] 다프나 조엘과 그 연구팀이 실시한 다른 연구에 따르면, 일반 인구의 3분의 1 이상이 어느 정도는 '다른' 젠더, '남녀 모두의 젠더', 동시에 또는 '어느 젠더도 아님'이라고 답했다.[27] 잠시 마음속으로 자기 자신 또는 주변 누군가가 남성성과 여성성의 문화적 고정 관념에 완전히 부

합하는지 생각해 보자.[28]

섹슈얼리티와 마찬가지로, 어떤 사람들은 자신의 젠더를 매우 고정된 것으로 경험하고, 어떤 이들은 젠더가 유동적이고 변하는 경험을 한다. 그리고 그 중간에 존재하는 모든 젠더 또한 나타난다. 시스젠더cisgender(자신의 성이 타고난 성과 같다고 정의하는 사람—옮긴이 주)는 태어날 때 부여 받은 젠더—일반적으로 생식기 기준—가 후천적으로 경험하는 젠더와 부합하고, 트랜스—논 바이너리인 사람들을 포함—는 그렇지 않다.

이 장 앞부분에서 소개된 성적 지향에 대한 문화적 이해표에서 섹슈얼리티와 젠더를 이분법적(남성과 여성, 동성애자와 이성애자)으로 바라보는 방식을 확인했지만, 그러한 이분법적 범주는 아마도 전혀 이분법적이지 않은 인간 경험에 적용되었을 것이다. 만약 그렇다면, 인간이 끌릴 수 있는 젠더(동성이나 이성이나 어느 정도 양성)가 단 두 가지라고 가정하는 섹슈얼리티 척도에는 결함이 있다고 볼 수 있다.

끌리는 대상으로서의 섹스와 젠더

여기에는 아마도 다른 더 중요한 문제가 있을 것이다. 누군가를 정의할 때 젠더와 성적 지향이 매우 중요한 영향을 미친다는 것이다. 심리학자 산드라 벰Sandra Bem은 자신의 연구를 통해 젠더가 왜 그렇게 중요한 특성으로 여겨지는지에 대해 의문을 제기했다. 벰은 젠더가 조직 범주로서 유용하지 않으며, 심리학뿐만 아니라 더 넓은 문화에서 젠더 범주의 사용을 전적으로 중단해야 한다고 주장했다.[29] 성적 지향에 있어서도 마찬가지일 것이다. 앞에서 다룬 리사 다이아몬드의 연구에서 살펴보았듯이, 다이아몬드가 연구한 여성 다수의 경우, 섹슈얼리티는 자신의 젠더보다 자신이 끌렸거나 사귀었던 사람과 더 밀접한 연관이 있었다. 이는 양성애자에 대한 연구와 일치하는데, 많은 양성애자들은 양성애를 '젠더와 상관없이' 성적 끌림을 느끼는 것으로 정의했고 잠재적 파트너의 젠더를 눈 색깔과 같은 일종의 특성으로 여기는 것으로 나타났다.[30] 이는 또한 최근 몇 년간 성적 정체성 용어가 폭발적으로 늘어난 방식—페이스북에서의 젠더 용어와 유사한 방식—으로도 이해할 수 있다. 젊은 세대는 자신의 섹슈얼리티를 설명하기 위해 점점 다양한 용어를 사용하고 있다. 팬섹슈얼pansexual(범성애—옮긴이 주), 퀴어queer(성소수자를 지칭하는 포괄적인 단어로, 레즈비언lesbian과 게이gay, 바이섹슈얼bisexual, 트랜스젠더transgender, 간성intersex, 무성애자asexual 등을 두루 일컫는 말—옮긴이 주), 킨키kinky(관습에 얽매이지 않는 특이한 성적 취향을 이르는 말—옮긴이 주), 폴리아모러스polyamorous(다자 간 연애. 독점하지 않는 다자 간 사랑, 비독점 다자 연애를 뜻함—옮긴이 주), 에이섹슈얼asexual(무성애. 누구에게도 성적 끌림을 느끼지 않거나, 성생활에 대한 관심이 적거나, 아예 없는 것을 의미—옮긴이 주), 사피오섹슈얼sapiosexual(상대의 센스, 지성 등에 성적인 매력을 느끼는 것. 소위 '뇌가 섹시한' 사람에게 매력을 느낀다.—옮긴이 주), 스콜리오섹슈얼scoliosexual(논 바이너리 젠더에 성적 끌림을 느끼는 것—옮긴이 주) 등이 이에 해당한다.[31]

일부 심리학자 및 사회 과학자들은 섹슈얼리티를 '양적으로' 연구하기보다는 '질적으로' 연구한다. 특정 섹슈얼리티를 가진 사람들의 성적 경험을 수치로 나타내려고 하기보다는, 그들로 하여금 개인의 경험에 대해 묘사하거나 논의하도록 한다. 이러한 방식으로 접근하는 경우, 그들은 성적으로 끌리는 젠더에는 거의 초점을 두지 않게 되는 경우가 많다. 오히려 자신의 섹슈얼리티와 관련된 다른 측면, 이를테면 사회 집단에의 소속감을 비롯한 '자기 본연의 모습으로 존재하는' 능력[32] 또는 특정한 성적 환상이나 경험 등에 대해 훨씬 더 깊이 이야기한다.[33]

성 이론가 이브 코소프스키 세지윅Eve Kosofsky Sedgwick은 성적 지향에 대한 편협한 시각에 대해 다음과 같이 말한다.

> 조금 놀라운 사실은, 자신의 생식기와 관련된 활동을 다른 이와 구분 지을 수 있는 아주 많은 요소들(특정 행위에 대한 선호, 특정 부위나 감각, 특정 신체 유형, 특정 빈도, 특정한 상징적 복장, 나이나 권력에 따른 특정 관계, 특정 종족, 특정한 참여자 수 등) 중에 정확히 한 가지, 즉 선택 대상object choice으로서의 젠더가 세기가 바뀔 무렵 등장해 이제는 보편적으로 어디에나 존재하는 '성적 지향'의 범주를 뜻하는 요소로 자리잡았다는 것이다.[34]

한번 생각해 보자. 만약 데이트 웹 사이트에서 성적으로 잘 맞을 듯한 상대를 찾고 있다면, 스스로 끌린다고 여기는 젠더(양성애자, 동성애자, 이성애자 등)와 관련한 용어 하나로 자신의 섹슈얼리티의 중요한 특징을 설명할 수 있을까 아니면 다른 것들을 묘사해야 될까? 예를 들어 다음과 같은 사항을 고려해 볼 수 있다.

- 외모, 나이, 성격, 의상 등 다른 면에서 내가 끌림을 느끼는 사람의 유형
- 육체적으로 그리고, 혹은 심리적으로 나를 흥분시키거나 흥미를 잃게 하는 상황, 이미지, 역할, 활동 또는 환상(만약 있다면)의 종류
- 내가 즐기거나 즐기지 않는 육체적 감각의 종류

성적 설정은 사람마다 다를 수 있다

최근의 생물학적 심리학 연구는 젠더에 따른 지향에만 국한하는 대신 인간의 섹슈얼리티가 가진 다양한 요소를 고려하기 시작했다. 사리 반 안데르스Sari Van Anders[35]는 인간의 섹슈얼리티에 대한 체계를 세우고, 다음의 요소와 관련한 생물학적이고 심리학적 연구를 검토한다.

- 우리가 끌리는 대상의 신체적 성별
- 우리가 끌리는 대상의 젠더(얼마나 남성적이거나 여성적 혹은 중성적인지, 이는 신체적 성별과 일치하거나 다를 수 있음)
- 그리고 동시에 끌릴 수 있는 대상의 수(우리가 일부일처제인지, 일부일처제가 아닌지, 또는 그 중간인지는 4장 참조)

반 안데르스는 또한 더 많은 요소들이 존재할 것임을 인정한다. 앞으로 우리가 다룰 장에서 그중 몇 가지(특히 우리가 경험하는 성적 끌림의 정도—없음에서 높음까지—와 성적 지배와 복종 또는 수동성과 능동성의 스펙트럼에서 우리의 위치)에 대해 살펴볼 것이다.

따라서 섹슈얼리티를 완전히 제대로 측정하기 위해서는 킨제이 척도나 클라인 격자표보다 훨씬 더 복잡한 무언가가 필요할 것이다. 우리는 복잡한 방식으로 서로 교차하고 얽혀 있는 수많은 다양한 요소를 다룰 만한 복합 킨제이 척도 같은 것을 생각해 볼 필요가 있다. 이러한 척도가 모든 요소를 고려해야 할 정도로 복합적이지 않다면, 성적 유동성은 이러한 요소에 대한 우리의 입장이 시간이 지남에 따라 변할 수밖에 없다는 것을 의미한다. 또한 (반 안데르스와 다이아몬드가 지적했듯이) 성적으로 끌리는 대상(있는 경우), 자위행위를 하면서 생각하는 것(있는 경우), 그리고 정서적으로 가깝거나 연애 관계를 맺고 있는 대상(있는 경우)에 있어서 우리 모두가 서로 다른 위치에 있을 수 있다. 우리 모두는 인구의 대다수와 공유하는 성적 지향보다는 개인의 독특한 성적 설정을 지니고 있다.

선천적 VS 후천적, 그도 아니면 다른 원인?

지금까지 섹슈얼리티를 이해하는 방식에 대해 알아보았으니, 이제는 시작부터 심리학자들과 다른 분야 과학자들을 괴롭혀 온 섹슈얼리티에 관한 다른 문제, 즉 '섹슈얼리티가 형성되는 원인은 무엇인가?'에 대한 질문으로 돌아가 보자.

이 장의 처음으로 돌아가 생각해 보면, 범주화나 인과관계에 관한 질문의 상당 부분이 섹슈얼리티에 대한 초기 이론과 밀접한 관련이 있다는 사실을 기억할 것이다. 초기 성과학자들은 그들이 분류한 성적 '일탈자'들의 생물학적 변이성biological variation으로 설명될 수 있다고 추정했다. 프로이트는 성인의 일탈적 섹슈얼리티(성적 도착)는 아동기의 성적 발달 초기 단계에 고착되어 '건강한' 성적 성숙으로 발달하지 못한 사람들이 보이는 현상으로 설명할 수 있다고 이론화했다. 지난 수십 년 동안 이에 관한 지배적인 견해는 생물학으로 회귀해 성적 지향을 설명하기 위해 '게이 유전자'와 '두뇌 차이'를 탐색했다.

이러한 변화들은 흔히 심리학이나 더 넓은 문화에서 질문을 제기하는 방식을 보여 준다. '선천적인가 아니면 후천적인가?' 동성애자들은 원래 그렇게 타고난 것일까 아니면 나중에 그렇게 되는 것일까? 이제는 이와 같은 질문의 틀에 문제가 있음을 우리 모두 알 수 있기를 바란다. 틀에 담긴 질문에 대한 답을 찾으려는 모든 연구는 그 가치가 제한될 수밖에 없기 때문이다.

틀에 갇힌 질문으로 인한 문제들

첫째, 이러한 틀 안에 담긴 질문은 우선 정상적인 성적 지향(이성애)이 존재하고, 그것과는 다른 성적 지향(동성애)이 있다는 가정을 전제로 하는데, 여기에는 이를 뒷받침할 만한 설명이 필요하다. 그렇지 않으면 우리는 이성애를 존재하게 만든 원인에 대해서도 물어야 할 것이다. 그러나 우리가 이 장을 통해 살펴보았듯이, 섹슈얼리티는 이분법적으로 구분할 수 없다. 설사 한 가지 요소(매력을 느끼는 젠더)만을 끌어내어 이러한 방식에 초점을 맞추더라도 단순히 스펙트럼의 한쪽 극단을 설명하려고 하기보다는 가능한 모든 끌림의 요소들과 결여된 점을 전체 스펙트럼의 차원에서 설명해야 한다.

둘째, 인과 관계를 묻는 질문은 흔히 특정 섹슈얼리티를 가진 모든 사람에게 적용 가능한 한 가지 설명이 있을 것이라고 가정한다. 왜 사람들은 동성애자인가? 왜 사람들은 양성애자인가? 이러한 질문들은 합리적으로 들릴지 모른다. 그동안 우리가 수없이 들어 온 질문의 방식이기 때문이다. 이어지는 장들에서 다루게 되겠지만, 심리학자들이 다른 성 정체성과 성적 관행에 대한 설명을 구하는 경우에도 같은 방식이 적용되는 경향이 있다. 앞서 클라인과 반 안데르스의 연구에서 배운 것을 돌이켜보면, 이러한 질문에는 문제가 있음을 알 수 있다. 만약—짐작되는 바와 같이—우리 개개인이 자신만의 유일한 성적 설정을 지니고 있어 수많은 다른 요소들에 대해 각기 다른 입장을 지니게 된다면, 섹슈얼리티에 대한 보편적인 설명을 찾기는 힘들 것이다. 오히려 다양한 요소들이 사람마다 다른 복잡한 방식으로 맞물려 작용하면서 우리의 섹슈얼리티를 형성하는 것일 가능성이 더 높다. 물론 그 외에도 많은 사람이 시간이 지남에 따라 경험하는 섹슈얼리티의 이동과 변화(성적 유동성)와 더불어 보다 고정적인 듯한 섹슈얼리티를 가진 사람들의 경험에 대한 설명이 필요하다.

앞서 접한 세지윅은 선천적과 후천적으로 구분하는 방식 또한 우리가 의문을 가져야 할 또 다른 이분법적 사고라고 지적했다. 과연 인간 경험의 모든 측면이 선천적이거나 후천적인—생물학적이거나 사회적인—요소로 분류될 수 있는가? 세지윅은 대중적, 과학적 견해가 선천적에서 후천적 혹은 후천적에서 선천적으로 바뀔 때마다 어딘가 결핍된 것처럼 보이는 것은 언제나 동성애라고 (예를 들어, 과잉보호하는 어머니 아래서 자라 동성애가 된 경우는 후천적, 여성성을 띠는 두뇌를 가진 경우는 선천적) 지적한다.

심리학자 피터 헤가티Peter Hegarty와 펠리시아 프라토Felicia Pratto는 이를 잘 보여 주는 다양한 연구를 수행했다.

그들은 심리학자들과 일반인들이 성적 지향이나 젠더의 차이를 설명하도록 요청받은 경우 동성애자와 이성애자의 차이점, 또는 여성과 남성의 차이점에 대해 설명하는 경향이 있음을 발견했다. 예를 들어, '여성의 뇌는 남성에 비해 한 가지 활동에 집중하는 능력이 떨어지기 때문에 그 업무를 잘 해내지 못했다'라든지 '동성애자인 남성은 더 여성적이기 때문에 이성애자 남성에 비해 더 창의적이다'라는 것이다.[36] 이는 이성애 규범성을 잘 보여 주는 예이다.

동성애에 대한 생물학적 설명을 찾는 행위는 종종 동성애자는 동성애자로 '태어난 것'이라는 사실을 증명할 수 있다면, 동성애자들이 더 나은 대우를 받게 될 것이라는 말로 정당화된다. 그러나 헤가티와 프라토는 생물학적 설명을 믿는 사람들이 동성애가 사회적 이유 때문이라고 믿는 사람들보다 동성애 혐오증이 덜 하지는 않다는 사실을 알아냈다.[37]

그뿐만 아니라, 생물학적 설명이 어떤 식으로든 동성애를 정당화할 것이라는 가정은 사람들이 흔히 보이는 오류를 드러낸다. 사람들은 보통 생물학적인 것이 사회적인 것보다 왠지 더 '진짜'라고 생각한다. 즉, 누군가 '동성애자로 태어났다'고 하면, 그것에 대해 할 수 있는 일이 없다고 여기는 반면, 시간이 지남에 따라 그렇게 된 것이라고 할 때는 뭔가 할 수 있는 일이 있을 것이라고 여긴다. 선천적이냐 후천적이냐의 문제와 결정된 것이냐 선택한 것이냐의 문제 사이에는 혼동이 있다. 이 두 가지는 서로 맞물려 있지 않다. 어떤 것이 사회적 영향을 받거나 학습된 것이라고 말하는 것과 선택의 결과(생활 방식을 선택하는 일처럼 쉽게 달라질 수 있는 선호)라고 말하는 것은 같지 않다. 분명히 사회적으로 습득했다고 말할 수 있는 것을 예로 들어보자. 옷을 입는 인간의 행위는 선천적이라기보다는 후천적인 것이지만, 그렇다고 해서 벌거벗은 채로 거리를 활보하는 일이 쉽다는 뜻은 아니다!

우리를 구성하는 복합 요소, 생물 심리 사회

이 모든 논의는 다음의 전제를 인정하는 위험이 있다. 모든 것이 천성과 양육, 생물학적인 것과 사회적인 것으로 나뉠 수 있다는 것이다. 그러나 이것은 사실이 아니다. 앞서 섹스와 젠더에 대한 논의에서 확인했듯이, 인간 경험의 대부분은 사실 생물 심리 사회적이다.[38] 이 긴 단어가 의미하는 바는 인간 경험이 우리의 생태, 우리의 심리, 그리고 우리를 둘러싼 사회를 포함하며, 이 모든 것들이 복잡한 피드백 회로 안에서 서로 영향을 끼쳐 각각의 요소 또는 인과 관계의 방향을 알아내는 일이 불가능해진다는 것이다.

코델리아 파인과 같은 신경 과학자들이 지적했듯이, 인간이 어떤 것을 배우는 방식이 생물 심리 사회적이라는 데는 의심할 여지가 없다. 예를 들어 아이들이 자전거를 탈 것으로 기대하는 사회적 세계에 우리가 살고 있다면(사회적), 우리는 그 기대에 부응하도록 노력하기 시작할 것이고, 우리가 자전거 타는 법을 배우는 동안(심리적) 우리의 신경은 자전거 타는 방법을 기억하는 방식으로 연결되고 우리의 몸은 똑바로 세운 채 앞으로 나아가는 데 필요한 일들을 습관적으로 하기 시작할 것이다(생물학적). 물론 신경 연결은 반대 방향으로 작용하기도 하는데, 그러한 경우 우리가 가진 신체 및 두뇌의 능력과 한계(생물학적)는 우리가 자전거 타는 법을 좀 더 쉽게 또는 어렵게 배우게 만들 것이고(심리적), 그로 인해 자전거를 타는 친구들과 어울리는 일이나 A에서 B로 가는 과정이 좀 더 수월하거나 힘들어진다면 이는 우리가 (사회적) 세계를 경험하는 방식에 영향을 미칠 것이다. 우리가 성 역할을 습득하거나 성적 끌림을 나타내는 과정도 아마 이것과 크게 다르지 않을 것이다.

다음 그림과 표는 이러한 영향 중 일부가 어떻게 작용하는지에 대해 (지나치게 단순해진 듯하지만) 간략히 보여 준다.

성의 생물 심리 사회적 과정

그림 2.2를 시계 방향으로 바깥쪽 화살표를 따라간 다음, 시계 반대 방향 안쪽 화살표를 따라가면, 다음의 표에 정리

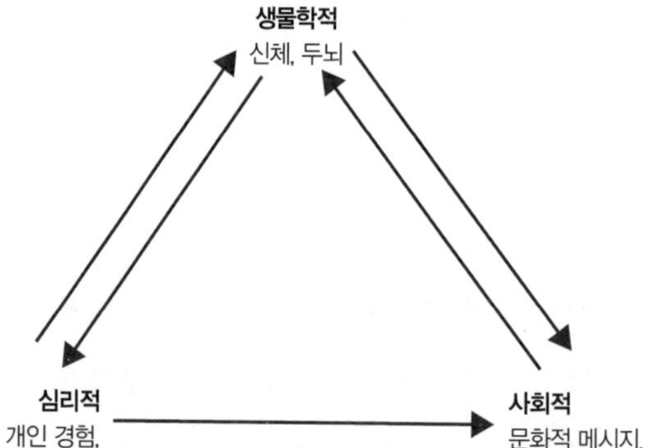

그림 2.2 생물 심리 사회적 과정

된 내용 및 섹슈얼리티와 관련하여 각 요소가 어떻게 작용하는지에 대한 몇 가지 예를 확인할 수 있다.

표 2.3 생물 심리 사회적 상호 작용

작용 방향	작용 방식	예
생물학적 → 사회적	우리의 생리학적 특성은 우리가 주변 세계로부터 특정 방식으로 대우받음을 의미한다.	우리가 살고 있는 시대와 장소에서 우리의 신체와 뇌의 기능이 매력에 대한 사회적 규범에 얼마나 부합하는가.
사회적 → 심리적	이것은 우리가 세계를 경험하는 방식 및 사용 가능한 기회들에 영향을 미친다.	만약 우리가 매력적인 대상으로 여겨진다면, 우리는 더 많은 잠재적 파트너를 갖게 되는 동시에 일반적으로 더 나은 대우를 받을 것이다.
심리적 → 생물학적	우리의 경험은 신체 습관과 뇌 작용을 형성한다.	만약 우리가 우리 몸에 편안함을 느끼도록 격려받는다면, 그러지 않았을 때보다 더 편안한 몸과의 관계—그리고 섹스와의 관계—를 구축할 수 있을 것이다.
생물학적 → 심리적	호르몬 수치 및 기타 생물학적 특징들은 우리에게 개인의 욕구와 성격 측면을 특정한 방향에 이르게 하며, 일부 경험적 가능성을 열어 주고 다른 가능성을 막는다.	우리가 새로운 경험에 더 개방적이거나 더 경계하는 성향을 타고났다면, 이는 점차—우리가 하게 되는 경험들을 통해—성적으로 더 개방적이거나 더 조심하는 성향으로 이어질 수 있다.

작용 방향	작용 방식	예
사회적 → 생물학적	문화적 메시지는 우리의 몸과 뇌에 새겨져 있다. 사회적 환경은 특정한 성적 행동을 가능하거나 불가능하게 한다.	우리는 사회적 기대에 부합하기 위해 젠더와 인종, 계층 등에 대해 특정한 방식으로 행동하거나 사고하도록 학습한다. 감옥이나 군대처럼 전적으로 동성으로만 이루어진 환경에서 시간을 보내게 될 경우, 우리가 선택할 수 있는 육체적으로 가능한 성적 대상에 영향을 받게 될 것이고, 이를 토대로 우리의 성적 행동과 끌림이 형성될 수 있다.
심리적 → 사회적	우리는 행동을 통해 문화적 메시지와 사회적 규범에 저항할 수 있으며, 다양한 문화적 가능성을 열어 두게 된다.	아마도 우리는 다음 세대가 섹스와 섹슈얼리티에 대해 받아들이게 될 메시지에 영향을 미치는 성적 권리나 성교육을 위한 캠페인에 참여한다.

자신의 섹슈얼리티가 가진 한 가지 면을 선택한 뒤 다른 면들은 나 자신에게 어떻게 상호 연결될 수 있는지를 생각하며 표를 살펴보는 게 도움이 될 수 있을 것이다. 다시 말해, 여기서 강조하고자 하는 점은 심리적, 사회적인 요소를 가지고 있다고 해서 그것이 순수하게 생물학적인 것보다 덜 '진짜'이거나 덜 '정당'하거나, 또는 '고정된' 것은 아니

라는 사실이다—우리의 경험과 문화적 환경이 우리 신체와 두뇌에 새겨지는 방식을 고려할 때, 그러한 방식으로 구분 짓는 일이 가능하다면 말이다.

이 책의 나머지 부분을 읽어 나가면서 특히 기억해야 할 중요한 점은 우리의 문화가 섹슈얼리티를 바라보는 방식에 따라, 다양한 성 정체성과 성적 관행을 우리가 어느 정도 수용 가능할지에 영향을 미칠 것이라는 사실이다. 이를테면 동성애가 죄나 범죄, 질병, 또는 용인 가능한 정체성 정도로 간주되는 시대와 장소에 살고 있다면 어떨지 생각해 볼 수 있다. 예를 들어 여성과 여성이 섹스하는 것을 바라보는 방식에 대한 문화적 변화는 최근 몇 년간 동성애 경험이 있는 여성의 수가 증가한 것을 부분적으로 설명해 줄 수 있다.[39] 또, 유고브가 실시한 설문 조사에서 동성에 끌린다고 응답한 다양한 세대에 걸친 응답자들(전체 성인의 4분의 1, 청년층의 절반) 간의 차이점을 기억해야 한다.

이 장에서 기억해야 할 것들

앞서 간략히 언급한 심리학에서—그리고 넓은 문화권에서—제시했던 섹슈얼리티에 대한 흔한 가정들로 다시 돌아가, 이번 장의 처음부터 이러한 가정들의 목록을 다시 생각해 보자.

- 섹슈얼리티는 '이분법'으로 구분되지 않는다.(많은 사람이 순수 동성애자 혹은 순수 이성애자가 아니다.)
- 따라서 우리는 성적 '지향'을 토대로 인간을 두 개의 상자 중 하나로 '분류'할 수 없다.—섹슈얼리티는 연속체에 가깝다.
- 섹슈얼리티에는 수많은 요소(우리가 어떤 섹스와 젠더에 끌리는지를 넘어서—이마저도 이분법적으로 나눌 수 없는 문제이기는 하지만)가 있기에 이는 복합 연속체에 가깝고, 그러므로 우리는 저마다의 독특한 '성적 설정'을 가진다.
- 섹슈얼리티는 '유동적'이다. —사람들은 자신의 섹슈얼리티 중 어떤 면은 시간에 따라 변하고 역동적이며 다른 어떤 면은 더 안정적임을 경험한다.

• 섹슈얼리티는 '생물 심리 사회적'이다. 이 모든 요소들은 복잡한 방식으로 결합해 우리 개인의 독특하고 역동적인 성적 설정을 형성한다.

이 모든 것은 분명 우리가 심리학에서 섹슈얼리티에 관해 던지는 질문들과 그에 내놓는 대답들에 대한 중요한 의미를 가진다. 또한 우리가 아이들에게 섹슈얼리티를 어떻게 가르칠지 혹은 성적 평등을 위해 어떻게 캠페인을 펼쳐야 할지에 대한 더 광범위한 함의를 지니고 있다. 아마도 우리는 '다수의 규범—기타 소수'라는 모델에서 성적 다양성이라는 모델로 옮겨 가야 할 것이다.[40] 이제는 그러한 모델이 어떻게 우리의 성적 욕구 수준, 우리가 즐기는 성적 관행, 우리가 맺는 성적 관계의 종류 등과 같은 섹스의 다른 여러 측면에도 더 적합할 수 있는지 살펴볼 것이다.

03
'제대로 된' 섹스

앞 장에서 살펴보았듯, 섹스의 심리학은 일반적으로 섹슈얼리티 또는 '성적 지향'의 맥락에서 섹스에 초점을 맞춰 왔다. 이는 심리학 교재와 심리학 학술지에서 가장 많은 지면을 차지하는 섹스 관련 주제이다. 그러나 이 책의 도입부에서 '섹스란 무엇인가'라는 질문을 접했을 때 독자의 머릿속에 섹슈얼리티가 가장 먼저 떠오르지는 않았을 것이다. 우리가 보통 섹스를 말할 때 의미하는 것은 '성행위', '성관계', 또는 '성교'이다.

심리학에서 이 주제에 가장 많은 관심을 기울여 온 분야는 상담, 심리 치료, 정신 의학에 가깝다. 상담 심리학과 임상 심리학과 같은 분야에서 심리학자들은 치료법을 통해 환자 또는 내담자의 어려움을 완화한다. 이것이 바로 이 장에서 집중적으로 다룰 주제인데, 특히 성적 문제에 초점을 둔 성 치료 또는 성 심리 치료psychosexual therapy를 중심으로 살펴보겠다. 심리학, 정신 의학, 심리 치료는 역사적으로 성적 문제(또는 '장애')를 '성 기능 장애sexual dysfunctions'와 '성도착증paraphilias'의 두 가지 주된 방법으로 분류해 왔다. 성 기능 장애는 '제대로 기능하는 섹스'를 방해하는 문제들이다. 성도착증은 '비정상적인' 성적 욕구를 의미한다. 이 장에서는 제대로 기능하는 섹스와 기능하지 않는 섹스에 중점을 두고, 우리가 추구해야 할 '제대로 된' 섹스라고 여겨지는 것에 대해 분석한다. 다음 장에서는 정상적인 섹스와 비정상적인 섹스를 구분하는 문제에 주목할 것이다. 언제나 그렇듯이 우리는 심리학을 비롯한 관련 학문들이 이와 같은 기능과 기능 장애, 정상과 비정상 분류법을 구축하는 데 관여한 방식과 더불어, 이 분야에서 이루어진 심리학적 이론과 연구가 섹스에 대해 우리에게 어떤 메시지를 던지는지를 다룰 것이다.

섹스란 무엇인가

스스로에게 이 질문을 다시 던져 보는 것으로 시작하면 도움이 될 것이다. 한번 생각해 보자. 누군가 섹스를 했다거나 섹스를 하고 싶다고 말한다면, 무슨 뜻으로 한 말이라는 생각이 드는가?

내가 최근 심리학 연구를 위해 섹스 매뉴얼과 그밖에 섹스에 관한 조언을 분석하면서 많은 시간을 보냈기 때문에 보다 넓은 문화적 차원에서 섹스를 이해하는 방식을 깨닫게 된 것처럼 느껴진다.[1] 65권의 섹스 조언서—그다지 추천할 만한 건 아니다!—를 읽으면서 엄청난 양의 신문 고민 상담 페이지 및 웹 사이트도 살펴보았다. 이 프로젝트의 동료 연구원들은 섹스 관련 TV 다큐멘터리와 잡지 기사를 연구했다. 그래서 우리 연구팀은 섹스에 관해 조언해 주는 미디어가 섹스를 어떤 방식으로 이해하는지 꽤 잘 파악하게 되었다.

우리는 섹스에 대한 조언이 일반적으로 오르가슴을 목표로 하여 음경을 질에 삽입하는penis-in-vagina(이하 PIV) 성교를 전제로 이루어진다는 사실을 알아냈다. 내가 살펴본 책들 중 평균 17%가 PIV 성교를 중점적으로 다루고 있었으며, 나머지 5%는 구강성교, 4%는 손을 이용한 성교, 3%는 다양한 형태의 변태적 성교, 2%는 솔로 섹스(자위), 그리고 나머지 1%는 항문 성교에 대한 것이었다. 이러한 주제의 책들이 놓여 있는 위치를 통해서도 알 수 있는 점이 있었다. 대체로 구강성교, 수음, 자위 등은 과거 '전희'와 관련된 섹션에 위치한 책에서 다뤄진 주제였다. 이는 이들이 '제대로 된 섹스'로 인정되지 않고, '진짜'에 이르기까지의 전 단계 정도로 인식되었음을 암시한다. 이 책들에서 자위는 자신이 원하는 애무의 방식을 알아내고, 어떻게 하면 더 오래 지속할 수 있는지 등을 배우는 과정을 통해 '제대로 된 섹스'를 더 잘하기 위한 방법으로만 기능한다. 항문 성교나 변태적 성교, 섹스 토이와 같은 주제는 나중에 '더 흥미로운 성생활spicing up your sex life'과 같은 섹션에 분류되어 있던 책들에서 다루어졌다. 다시 말해, 그러한 주제는 섹스 조언서의 '메인 코스'가 아닌, 누군가는 시도해 보고 싶어서 추가 주문할 수도 있는 '사이드 메뉴'였다. 섹스 조언서 대부분은 독자가 장기적인 관계를 통해 행복한 성생활을 유지하도록 돕는 데 중점을 두고 있었다. 이에 관해서는 이 장의 후반부에서 다시 살펴보도록 하겠다. 이처럼 섹스하는 방법에 대한 지침서에서 말하는 섹스가 무엇을 의미하는지 다시 한번 확인할 수 있다. 대부분의 섹스 관련 조언은 PIV 성교의 체위를 다양하게 하라고 강조한다. 사실 일부 책들은 거의 PIV 성교가 가능한 다양한 체위에 대한 그림과 도표들로만 채워져 있기도 했다. 어떤 책들은 두 사람 모두 오르가슴에 도달할 가능성을 극대화하기 위한 방법으로 장소를 바꿔 가면서, 또는 다양한 복장을 착용하고서 PIV 성교를 하거나 이따금 PIV 성교 도중 섹스 토이나 다른 종류의 성교를 시도해 보는 것을 제안했다. 하지만 거의 항상 PIV 성교가 이야기의 중심에 있었다.

'그래서 뭐?' 또는 '섹스라고 하면 당연히 PIV 성교고, 섹스의 목적은 당연히 오르가슴이지'라고 생각하는 독자가 있을 것이다. 앞 장에서 다룬 섹슈얼리티에 대한 문화적 가정과 마찬가지로, 이러한 생각들은 그동안 너무 당연하게 수용되었기 때문에 명백한 사실처럼 보이는 경우가 많다. 하지만 과거를 분석해 보면 섹스의 의미가 왜, 어떻게 PIV로 자리잡게 되었는지 그 연유를 알 수 있다. 그다음 다른 심리학 이론과 연구로 돌아와 유용하게 접근할 수 있는 다른 몇 가지 방법을 적용하면 현재의 지배적 견해에 내재한 문제점들을 확인할 수 있다.

음경과 질 그리고 오르가슴

그래서 우리는 어떻게 이러한 지점에 이르게 된 것일까? 오르가슴으로 이어지는 PIV 성교는 어떻게 우리 모두 다다르고자 고군분투하는 섹스의 '최적 표준' 양식이 되었는가?

프로이트로 돌아가기

이쯤에서 다시 프로이트로 돌아가서 생각해 볼 필요가 있다. 프로이트의 섹스 이론은 (우리가 아는지 모르는지 여부와 관계없이) 오늘날 우리가 섹스를 이해하는 데 뚜렷한 영향을 미쳤다.

프로이트 이전 생물학적 관점을 가진 초기 성과학자들은 일반적으로 다윈의 사상에 의지했으며, 따라서 섹스의 목적을 오로지 생식으로 보았다. 이는 번식으로 이어지지 못한 성적 행위나 욕구를 분류하여 설명하고자 했던 그들의 바람을 잘 설명해 준다. 프로이트는 그 당시로서는 매우 급진적이었던 사상을 제안했다. 섹스의 목적이 생식이 아닌 '쾌락'이라는 것이다. 프로이트는 사람들이 경험한—그리고 원하는—섹스의 대부분은 생식이 목적이 아니었다는 사실에 주목했다. 사실, 출산이 위험 요소가 될 수 있는 상황에서 사람들은 흔히 임신을 피하려고 애쓴다.

프로이트 이론은 '정상적이고 자연적인' 섹스란 생식이 '가능한' 섹스를 의미한다는 관점에서 완전히 벗어나지는 못했다. 독자들 또한 누군가 이러한 견해에 대해 이야기하는 것을 들어 본 적이 있을 것이다—여전히 섹슈얼리티에 대한 수많은 논의가 이러한 관점에 사로잡혀 있다. 그러나 프로이트의 사상은 확실히 다른 가능성 역시 열어 주었다. 다음 장에서는 인간과 다른 동물들이 번식 이외의 여러 가지 이유로 섹스를 한다는 최근 연구 결과를 살펴볼 것이다.

섹스를 연구하는 역사학자 및 사회학자들은 (당시 일어난 사회 변화와 맞물려 나온) 쾌락에 대한 프로이트의 사상이 섹스가 여가 활동과 같은 대상으로—중산층의 결혼 생활에서 중요한 요소로—여겨지게 되었음을 보여 준다고 주장한다. 이러한 사상은 사회에 널리 퍼져 나갔다. 그 후 피임법의 개선, 특히 피임약이 가져온 '성 혁명'은 (섹스 조언서의 표현에 따르면) 성적 만족감이 '성공적인 관계'의 핵심 요소라는 현재의 관점으로까지 이어졌다.

섹스의 목적

앞 장에서 다룬 내용을 다시 떠올려 보면, 건강하고 성숙한 섹슈얼리티는 특정 성적 '대상(이성)'과 특정 성적 '목적'을 포함한다고 프로이트가 제안했던 것을 기억할 것이다. PIV 성교의 개념을 최적 표준으로 발전시킨 것이 바로 이 목적이다. 기본적으로 프로이트는 모든 아이가 여러 단계의 성 심리 단계를 거쳐야 한다고 주장했다. 또 아이의 리비도는 각 단계마다 다른 성감대 혹은 육체적 쾌락의 원천에 집중한다는 점을 이론화했다.

이 표를 통해 프로이트의 이론들이 어떤 식으로 PIV 섹스를 오르가슴이 목표인 올바르고 성숙한 성적 활동의 형태로 제시하는지 알 수 있다. 더불어 구강, 항문, 수음과 마찬가지로 자위가 어떤 식으로 덜 성숙하거나 덜 건강한 형

표 3.1 프로이트의 성 심리적 발달 단계

연령	단계	정상 발달
0~1세	구강기	어머니의 젖을 빨아 먹기 때문에 입에 집중한다. 구강을 통해 세상을 탐험한다.
1~3세	항문기	자신의 항문에 집중한다. 대소변을 가릴 수 있게 되면서, 자제와 지연된 만족의 가치를 배운다.
3~6세	남근기 (성기기)	자신의 성기에 관심을 갖기 시작하고 자위를 시작한다. 사람들의 성기가 다르다는 사실을 인지한다. 무의식적으로 이성의 부모를 소유하고 싶어 하고 동성의 부모를 질투한다. (오이디푸스 콤플렉스, 2장 참조.) 동성의 부모를 경쟁자로 인식하지 않고 동일시하는 법을 배울 때 비로소 갈등이 해소된다.
6세~사춘기	잠복기	자신의 리비도를 억제하는 데 성공하면 잠복기를 겪으며, 성적 욕구를 경험하지 않는다.
사춘기 이후	생식기	생식기에 집중된 성적 욕구가 다시 나타난다. 이 단계의 여성은 음핵 대신 질을 통해 오르가슴에 도달한다. 성적 활동은 혼자보다는 파트너와의 관계로 이루어진다.

태의 섹스로 보여지는지도 확인할 수 있다. 성적 욕구의 부족은 동성 끌림과 같이 미성숙한 아동기 '단계'로 간주된다. 마지막으로—그리고 중요하게도— 섹슈얼리티가 섹스를 넘어서 개인의 성격과 정체성과 연결되는 것을 알 수 있다. 프로이트는 어떤 사람들은 성 심리 발달의 초기 단계

에 섹슈얼리티가 고착되어 특정한 유형의 사람이 된다고 주장했다. 항문기에 고착된 사람은 강박적이고 완벽주의적 성향을 띠고, 구강기에 고착된 사람은 순진하고 미성숙한 상태로 남아 있다는 식이다.

비록 오늘날에는 초기 아동기에 나타나는 섹슈얼리티와 무의식적 발달 과정에 대한 심리학 이론이 회의적으로 받아들여질지 모르지만, 이러한 이론이 '제대로 된 섹스'란 어떠해야 하는지, 그리고 사람들의 삶에서 어느 위치에 있어야 하는지에 대한 우리의 가정에 영향을 미친 것은 분명하다.

마스터스 오브 섹스

현재의 '제대로 된 섹스'에 대한 우리의 생각에 가장 큰 영향을 미친 이들은 아마도 윌리엄 마스터스William Masters와 버지니아 존슨Virginia Johnson일 것이다. 독자들 역시 그 두 인물의 삶과 일을 바탕으로 한 TV 시리즈 '마스터스 오브 섹스Masters of Sex'를 본 적이 있을지 모른다.

윌리엄 마스터스는 산부인과 전문의였으며 버지니아

존슨은 그의 연구 조수이자 훗날 파트너가 된다. 앞 장에서 소개된 알프레드 킨제이처럼, 그들 역시 섹스의 생물학 및 심리학적 측면에 중점을 두었다. 킨제이와 달리—부분적으로는 킨제이 연구를 둘러싸고 일어났던 커다란 논란 때문일지도 모르는데—마스터스와 존슨은 인간의 성적 행동의 다양성을 연구하고자 하지는 않았다. 그들은 오히려 '정상적인' 섹스가 어떻게 작용하는지를 알아내는 데 초점을 맞추었다. 그리고 나중에는 성적 경험이 이러한 패턴을 따르지 않는 사람들을 돕는 일에 주력했다.

마스터스와 존슨은 또한 사람들의 성적 행동에 대한 '보고'가 아닌, 직접 섹스의 생리학과 해부학을 연구하고 싶어 했다. 이러한 이유로 그들은 실험실 환경에서 수백 명의 남녀를 대상으로 1만 번 이상의 '성 반응 주기cycles of sexual response'를 직접 관찰하며, 피실험자들의 심장 박동수와 혈압 등을 측정했다. 마스터스와 존슨은 PIV 섹스, 자위행위, '인공 성교'('내부에서' 촬영하면서 PIV 섹스를 흉내 내는, 딜도와 같은 기구를 사용한 자위행위)를 관찰하였다.

성 반응 주기

다음은 마스터스와 존슨의 연구가 내놓은 주요 성 반응 주기의 4단계 모델이다.[2]

1. **흥분기**Excitement 음경과 음핵 같은 발기성 조직이 충혈된다.
2. **고조기**Plateau 오르가슴이 가까워짐에 따라 음핵 또는 고환이 수축된다.
3. **절정기**Orgasm 질과 자궁, 또는 음경과 요도에서 일련의 리듬감 있는 근육 수축이 있다. 심장 박동과 혈압이 최고조에 달하며, 보통 얼굴을 찡그리는 현상이 발생한다.
4. **해소기**Resolution 호흡이 정상으로 돌아오고 흥분 증상이 점차 가라앉는다. 남성은 해소기 이후 다시 흥분되기 전까지 몇 분 또는 몇 시간의 불응기refractory period를 겪는 반면, 여성은 불응기 없이 다중 오르가슴을 경험할 수 있다.

이처럼 마스터스와 존슨으로 인해 우리는 섹스가 따라

야 할 일종의 각본 또는 일련의 단계인 성 반응 주기가 있다고 이해하게 되었다. 여기에는 우리 몸이 각 단계에서 어떻게 반응해야 하는지, 그리고 각 단계에서 소요되는 '정상적인' 시간은 어느 정도인지가 포함된다. 이에 대해 각자의 경우를 생각해 볼 수 있을 것이다. 섹스 경험이 있다면 자신의 경험과 일치하는가? 섹스를 단계별로 나눈다면, 어떤 것을 선택하겠는가? 잠시 후 사람들이 이에 대해 각기 다른 생각을 가지고 있다는 것을 알게 될 것이다.

마스터스와 존슨은 자신들이 집필하던 당시 항간에 떠돌던 섹스에 대한 잘못된 믿음들을 없앴으며, 이들의 연구는 킨제이 연구팀과 마찬가지로 사람들이 섹스에 대해 더 공개적으로 이야기하는 데 일조했다. 예를 들어, 그들은 여성의 질은 탄력이 있고 음경의 크기에 알아서 맞추기 때문에 PIV 섹스를 할 때 남성의 음경 크기가 여성의 성적 만족도에 거의 영향을 미치지 않는다는 사실을 밝혀내면서 '클수록 더 좋다'라는 가정을 반박했다. 또한 발기하지 않은 음경은 팽창하는 정도가 다르기 때문에, 발기했을 때 얼마나 커질지 가늠하기는 어렵다.

마스터스와 존슨이 밝힌 중요한 연구 결과 중 하나는

'질을 통한' 오르가슴과 '음핵을 통한' 오르가슴이 생리학적으로 차이가 없다는 사실이다. 앞서 다룬 내용을 떠올려 보면, 프로이트는 '질을 통한' 오르가슴을 더 성숙한 것으로 보았다. 하지만 음핵이 사실 몸 안쪽으로 크게 확장되는 기관이라는 점을 생각할 때, 오르가슴은 내부나 외부인지, 또는 내·외부 모두에 의한 자극인지의 여부와 상관없이 항상 동일 신경망에 의해 일어난다. 마스터스와 존슨은 이러한 유형의 오르가슴 사이에서 아무런 차이를 발견하지 못했지만, 여성은 PIV 섹스를 통해서만 오르가슴을 느낄 수 있으며, 그렇게 하지 못 하는 것은 일종의 기능 장애라는 가설을 버리지 못했다.

섹스에 대한 현재의 관점 형성하기

지금까지 우리는 지난 세기에 걸쳐 섹스에 대한 이해가 어떻게 바뀌어 왔는지를 간단히 훑어보았다. 그리고 이를 통해 이 분야의 이론과 연구가 우리에게 섹스에 대한 정보를 제공하는 동시에 우리가 섹스에 대해 생각하는—그리고 경험하는—방식에 영향을 미치는 특정한 이해를 구축했음을 재차 확인할 수 있다. 예를 들어, 손을 이용한 자극만으로 오르가슴을 느꼈던 한 여성은 19세기 후반에는 스스로를 성적 일탈자라고 생각했을 수 있다. (당시 교육받지 못한 사람들은 읽을 수 없었던 라틴어로 쓰인 초기 성과학 교재를 읽을 수 있었다면 말이다.) 20세기 초에 그 여성은 정신 분석학을 통해 자신을 성적으로 미성숙하고 도착 성향이 있는 존재로 인식하게 됐을지 모른다. 그리고 1960년대에 마스터스와 존슨의 연구 결과로 인해 용기를 얻었을지도 모르겠지만, 여전히 PIV 섹스를 통해—아마도 당시 부흥하던 성 심리 치료 요법을 통해— 오르가슴에 도달할 방법을 찾고자 했을 것이다.

마찬가지로, 혼자 하는 섹스가 어떠한 급진적 변화를 거쳐 왔는지 생각해 보자. 한 세기 전만 해도 사람들이 자위하는 것을 막기 위한 장치가 존재했으며, 자위행위가 모든 종류의 육체적·정신적 문제를 일으킨다고 여겨졌던 때가 있었다. 하지만 지금에 와서는 성적 문제가 있는 사람들을 돕기 위해 성 치료사들이 실제로 자위를 치료법으로 처방한다. 온라인 포르노 영상을 보며 자위하는 것이 일반적인 자위행위를 문화적 골칫거리로 바꾸어 놓았을지도 모르지만 말이다(5장 참조). 시간이 지남에 따라 나타나는 이러한 변화들을 통해 심리학 및 기타 과학적 지식이 적어도 부분적으로는 지배적인 문화 규범에 뿌리를 두고 있을 뿐 아니라, 그러한 문화 규범에 영향을 미치고 있음을 알 수 있다. 이는 과거에는 지금과 상황이 달랐을 수도 있다는 의미이다. 오늘날 우리가 섹스를 심리학적으로 어떻게 이해하는지를 고려하고 진전을 이루려면 이 사실을 중요하게 생각해 보아야 한다.

제대로 기능하는 섹스와 그렇지 못한 섹스?

마스터스와 존슨의 성 반응 주기는 1970년대 성 치료사 헬렌 싱어 카플란Helen Singer Kaplan에 의해 다소 수정되었다. 이는 기존의 연구가 사람들이 실제로 생리적으로 흥분하거나 자극되기 전에 흔히 느끼는 성욕을 느끼는 단계를 포함하지 않았기 때문이다.[3] 카플란의 성 반응 주기는 욕구기desire, 흥분기arousal, 절정기orgasm의 3단계로만 이루어진다. 이 모델은 '성 기능 장애' 및 '성적 장애'에 대한 정신 의학, 심리학, 심리 치료 범주의 청사진이 되었으며, 이후 대부분의 성적 장애는 이 3단계 중 하나에서 어려움을 겪는 사람이 대상이다.

정신 의학자 및 기타 정신과 전문의들의 바이블은 미국 정신 의학회의 정신 장애 진단 및 통계 편람Diagnostic and Statistical Manual(이하 DSM)이다.[4] 이 무겁고 두꺼운 책은 모든 일반적인 '정신 장애'를 나열하고 묘사함으로써 의료진과 다른 의사들이 모두 같은 기준에 따라 환자를 진단할 수 있도록 한다. 예를 들어 우울증, 불안 장애, 또는 공포증 등으로 분류되기 위해 해당 빈칸에 체크하게 되어 있다. 미국 밖에서도 일부 기관에서는 유사한 목록을 제공하고 일반적으로 DSM을 따르는 세계 보건 기구의 국제 질병 통계 분류International Statistical Classification of Diseases(이하 ICD)를 사용하는데, 적어도 섹스 및 섹슈얼리티 분야에 있어서는 유사한 범주와 기준을 가지고 있다. DSM과 ICD는 둘 다 성 기능 장애에 관한 섹션과 성적 도착에 관한 섹션을 포함한다. (이는 다음 장에서 살펴보겠다.)

성 기능 장애

DSM은 1950년대 첫 번째 판이 나온 이후 10년마다 개정되었으며 현재는 사용되는 것은 다섯 번째 판인 DSM-5이다. DSM의 성 기능 장애 목록은 마스터스와 존슨의 성 반응 주기를 개정한 카플란 모델을 기반으로 한다. 따라서 관련 범주는 성욕 또는 성적 관심 결핍(욕구), 자극 결핍 및 '발기 장애(흥분)', 그리고 '여성 오르가슴 장애'와 '사정 지연(절정)'이 있다. 이외에도 '조기 사정'과 '삽입 장애(긴장이나 통증으로 인해 삽입이 힘든 증상)' 등의 범주가 있다. 이러한 증상 중 어떤 것이라도 겪은 적이 있는지 한번 생각해 보자. 만약 있다면, 잠시 후 적어도 인구의 절반과 같은 경험을 공유하고 있다는 사실을 알게 될 것이다.

이러한 범주들을 보면 DSM의 저자들이 생각하는 '제대로 기능하는' 섹스와 '기능 장애가 있는' 섹스가 무엇인지 분명히 알 수 있다. 사람들이 제대로 기능하는 섹스를 하려면 성 반응 주기의 모든 단계를 거쳐야 한다. 성적 '욕구'를 느껴야 하고 '흥분'해야 하며 '오르가슴'에 도달해야 한다. 또한 질이 삽입 불가능한 경우라든지, 음경이 삽입할 수 있을 만큼 충분히 발기되지 않은 경우라든지, 사정이 '너무 이르게' 발생하는 경우(즉, 삽입 전에 사정하는 경우) 성적 장애가 있는 것으로 간주하는 점으로 보아, PIV 섹스가 본질적 특징임은 명백하다.

요즘에는 성적 '기능 장애'를 주로 의학적 치료가 필요한 생리적 문제로 보는 경향도 있다. 마스터스와 존슨은 성적 문제의 약 90%가 심리적인 데서 발생하고 단 10%만이 생식 기관과 관련이 있다고 생각했다. 반면, 최근에는 원인의 80%가 생식 기관에 있고 20%가 심리적 요인에 근거한다는 거의 상반된 주장이 나왔다.[5] 이는 비아그라 및 기타 발기 부전 치료제에 대한 대중의 엄청난 관심뿐 아니라 여성의 리비도를 높여 줄 여성용 비아그라라는 성배를 찾기 위한 경쟁에서 엿볼 수 있다. 남성은 발기하도록 부추기고 여성은 섹스를 원하게 하는 데 초점이 맞춰져 왔다는 사실이 흥미롭다. 이러한 현상은 젠더와 섹스에 대한 우리의 넓은 문화적 가정의 단면을 보여 준다.

성 치료사들은 의학적 치료 외에도 환자에게 성 기능 장애를 해결하기 위한 다양한 신체적 기법들을 알려 준다. 여기에는 조루증 환자를 위한 다양한 지점에서 자극을 멈추는 법, PIV 섹스를 하기에는 질이 너무 긴장되어 있는 여성을 위한 점점 더 큰 질 확장기를 삽입하는 법, 그리고 성적으로 문제가 있는 한 쌍이 비생식기 만지기부터 생식기 만지기, 더 나아가 결국 PIV 섹스에 이르기까지 점진적으로 관계를 개선해 나가는 감각 집중 훈련 등이 있다.

그렇다면 이 성적 기능 및 기능 장애 모델에는 어떤 문제가 있을까? 우리가 심리학에서 접하게 되는 것들을 이해하기 위해 던질 만한 유용한 질문은 '해당 모델이 누구를 제외하고 누구를 포함하는가?'이다. 이 질문을 한 뒤에는 두 집단이 의미하는 바를 생각해 본다. 계속 읽어 나가기 전에 이 질문에 대해 잠시 생각해 보는 시간을 갖자.

누구를 제외하는가

제외 대상이 누구인가의 관점에서 볼 때, 분명 우리가 살펴본 성적 기능 모델이나 기능 장애 모델은 사람들이 성욕을 가지고 흥분하고 오르가슴에 도달해야 한다고 가정한다. 다음에 이어서 다루겠지만, 이 분야에서 일어났던 긍정적인 움직임에도 불구하고, 이 모델은 성적 끌림을 경험하지 않는 많은 무성애자를 제외한다. 또한 이 모델은 제대로 기능하는 섹스는 음경이 질에 삽입하는 방식으로 이루어지는 섹스라고 간주한다. 즉 주요 성적 활동이 PIV 섹스가 아닌, 혼자 하는 섹스나 (다음 장에서 다루게 될) 변태적 성행위를 선호하는 이들과 더불어, 생식기의 조합이 음경만 두 개 혹은 음문만 두 개인 커플들 모두를 제외한다. 동성애 관계에서 흔히 하는 섹스의 종류만이 PIV 섹스처럼 올바르거나 기능적이라고 받아들여진다면, 삽입 장애와 마찬가지로 구역질 반사 조절 장애, 항문 조임근 긴장, 그리고 반복성 긴장 장애 등과 관련된 성 기능 장애의 범주들이 있어야 할 것이다. 너무 이르게 오르가슴을 느끼거나 사정하는 여성에 대한 범주도 존재해야 한다. 일부 여성은 오르가슴을 너무 빨리 겪는 문제를 가지고 있지만, 물론 이것이 PIV 섹스에 지장을 주지는 않기 때문에 이러한 증상을 위한 진단 범주는 없다.[6] DSM과 성 치료사들이 LGB 사람들이 하는 섹스는 올바르지 않다고 노골적으로 말하지는 않는다. 하지만 기존 범주와 치료법이 특정 형태의 이성애 중심 섹스에 치중되어 있다는 사실에서 LGB 간의 섹스를 올바르지 않다고 암시한다는 점이 위험 요소이다.

포함된 이들에게 생기는 문제

PIV 섹스가 제대로 된 최선의 섹스 또는 유일하게 제대로 된 섹스라고 암시하는 것은 이 섹스 모델에 포함된 사람들에게도 좋지 않다. 설사 PIV 섹스가 가능한 사람이라고 해도, 그것이 우리가 즐길 수 있는 최고의 섹스라는 의미는 아니다. 또한 PIV 섹스는 여러 다른 형태의 섹스에 비해 임신을 하거나 성병에 걸릴 위험이 훨씬 더 크다. 따라서 우리의 섹스 모델이 모든 형태의 섹스를 동등하고 유효하게 포함하고, 사람들이 PIV 섹스 이외의 다른 종류의 섹스를 경험하도록 도와줄 수 있다면 도움이 될 것이다.

페미니스트 심리학자들은 기능 모델과 기능 장애 모델이 심각한 젠더 문제를 지니고 있다고 지적했다. 첫째, 남성의 사정 지연 범주가 있다는 것은 남성이 사정을 하면 섹스가 끝난다는 일반적인 가정을 뒷받침한다. 여성의 오르가슴은 중요한 것으로 간주되지만, 일반적으로 섹스에 관한 조언이나 성 치료를 하는 데 있어 남성의 사정만큼 섹스의 필수 구성 요소라고 여기지 않는다. 이것이 일상적으로 겪는 '오르가슴 격차orgasm gap'에 어떤 영향을 미치는

지 볼 수 있다.[7]

우리는 또한 DSM에서 음핵보다는 질에 초점을 둠으로 남성의 성적 경험에 우선순위를 매기는 것을 볼 수 있다. 여성의 음핵은 남성의 음경과 상응하며 흥분과 오르가슴을 가능하게 한다. 그렇다면 왜 성 기능 장애의 범주와 지난 장에서 다루었던 질 혈류 측정 검사와 같은 흥분 측정법은 질에 그토록 집중할까? 여성은 성적 쾌락을 얻기 위해 질 삽입이 필요 없으며, 남성이 질에 삽입하는 것 이외에 다른 방식을 통해 얻을 수 있는 다양한 형태의 성적 쾌락 또한 존재한다. 사실 여성의 섹슈얼리티에 대한 연구 결과에 따르면 여성의 대다수(70%)가 PIV만으로는 오르가슴을 느낄 수 없다.[8] 즉, 여성이 오르가슴에 도달하기 위해서는 질 자극 외에—또는 대신에—음핵에 대한 외부 자극이 필요하다. 그렇다면 우리가 그토록 PIV 섹스에 집중하는 이유는 무엇인가? 섹스 매뉴얼들은 흔히 PIV가 가능하면서도 외부 음핵을 자극하는 섹스 체위에 혈안이 되어 있다. 이 체위를 소위 CAT 체위, 또는 삽입 정렬 기법coital alignment technique(이하 CAT)이라고 한다. 그러나 내가 본 주류 섹스 조언서 전부를 통틀어 여성이 남성 위에 올라가

누운 채 남성의 음경을 자신의 다리 사이로 가져가 음핵에 대고 문지르는 체위를 소개한 책은 단 한 권도 없었다. 이 체위는 적어도 CAT 체위만큼 남녀 모두에게 쾌감을 주지만, PIV가 없으므로 당연히 고려 대상에서 제외된다.

심지어 우리가 섹스와 관련해 매일 사용하는 언어도 PIV에 집중되어 있는데, 그 안에서 남성은 능동적인 행위자이며 여성은 수동적인 행위 수용자이다. 우리는 질이 성기를 '감싸는enveloping' 섹스가 똑같이 유효한데도 '삽입' 섹스에 대해서만 이야기하며, '넣었다'라든가 '조였다'와 같은 완곡한 표현을 쓴다. 수백만 부가 팔린 자기 계발서 『화성 남자 금성 여자의 침실 가꾸기Mars and Venus in the Bedroom』는 여성은 때때로 '나무토막처럼' 누워 있어야 하며, 섹스는 여성을 위한 것이 아닌 남성의 자연스러운 욕구라고 분명히 밝힌다.[9]

이처럼 한쪽 젠더에 치우친 성에 대한 관점은 모두에게 나쁘다. 앞 장에서도 다루었듯이, 이러한 관점은 젠더나 육체가 단순한 남성과 여성 이분법에 맞지 않는 사람은 논의 대상에서 제외해 버린다. 그뿐 아니라 우리가 각 젠더 범주 간의 유사점과 그 내부의 차이점을 보지 못하게 막는다. 예를 들어 우리의 생식기가 작동하는 방식 간에는 많은 유사점이 있는데, 이는 모든 생식기가 어머니의 자궁 안에서 같은 방식으로 시작되었기 때문이다. 또한 동성 간에도 성적 활동이 얼마나 능동적인가 수동적인가의 여부나 어떤 종류의 자극을 즐기는가 등에 대한 문제에 있어서 다양한 개인차가 있다.

현재의 '능동적 행위자 남성, 수동적 행위 수용자 여성' 모델은 여성의 영향력을 빼앗고 있다. 많은 여성이 자신의 쾌락이 아닌 상대의 쾌락에만 너무 집중하기 때문에 실제로 무엇이 자신을 흥분하게 하는지 전혀 모르고 있다고 할 수 있을 정도이다. 이는 또한 남성에게 항상 섹스할 준비가 되어 있고 오로지 '성과'에 집중하는, 감정 없는 기계처럼 행동하도록 강요한다.[10] 단단하지 않은 음경은 '제대로 기능하지 않는다'는 생각은 이런 종류의 고정 관념을 강화한다. 필요에 '부합'하지 못한 남성들에게는 실패감을 안겨주고, 부합하는 남성은 실패에 대한 불안감을 느낀다. 이는 또한 남성에게 부드럽고 무르지 말 것을, 또는 감정을 드러내지 않을 것을 요구하는 일반적인 문화적 압력을 악화시킨다.

이러한 모든 기대는 섹스에 대해 터놓고 소통하는 것을 매우 어렵게 만든다. 능동적 남성과 수동적 여성의 PIV 섹스 모델이 자신에게 잘 맞지 않음을 인정할 경우 수치심과 꼬리표가 뒤따라올 것이기 때문이다. 이 장의 후반부에서는 섹스로 간주하는 것에 대한 시각이 넓어지면 성 치료가 어떤 모습으로 변할지에 대해 다시 논의할 것이다. 지금은 현재의 모델에서 섹스에 대해 취하고 있는 여러 기본 가정 몇 가지에 대해 좀 더 자세히 살펴보겠다.

섹스가 인간의 기본 욕구인가?

우리가 지금껏 살펴본 모델의 기초가 되는 섹스에 관한 한 가지 일반적인 생각은 섹스가 꼭 필요한 것이거나 필수적이라는 것이다. 대부분의 섹스 조언서는 성적인 것이 건강함을 의미하고, 심지어 섹스를 먹거나 숨 쉬는 일과 같은 자연스러운 인간의 욕구라고 이야기한다. 그들은 또한 섹스가 관계를 위해 필수라고 주장한다. 섹스는 관계를 유지시키는 접착제이고, 섹스를 적게 하거나 하지 않는 경우 필연적으로 그 관계는 끝나게 되어 있다고 주장한다. 이러한 주장을 직접 들은 적이 있는지, 또 어디에서 들었는지 생각해 보자. 섹스가 인간으로서 존재하기 위해 필수적인 부분이고, 원활한 관계를 유지하기 위해 꼭 필요하다는 생각에 동의하는가 아니면 동의하지 않는가?

역사를 살펴보면 섹스가 개인과 관계에 필수적이라는 이러한 생각들이 어디에서 기인하는지 알 수 있다. 이 장의 앞부분에서 살펴본 인간의 성적 목적과 특정한 종류의 사람이 되는 것을 연관시켰던 프로이트의 이론을 기억하는가? 이 모델을 따름으로 우리의 성적 취향은 우리의 정체성에 내재된 특징이 되었다. 우리는 또한 섹스가 역사적으로 어떻게 성공적인 결혼 생활의 일부로 여겨지게 되었는지를 보았다.

분명 이와 같은 섹스의 필수성sexual imperative이 성관계를 유지하는 방법에 대해 조언하는 책을 파는 데는 확실히 도움이 되겠지만, 그것을 제외한 다른 유효성은 없는가? 아니면 오히려 해가 될 수도 있을까?

성욕이 없는 사람도 존재한다

최근 몇 년 동안 흔히 받아들여져 온 섹스에 대한 가정에 반기를 드는 데 일조한 집단은 '에이섹슈얼'—또는 에이스ace—공동체들이다. 세계 최대의 무성애자 커뮤니티인 에이븐AVEN, Asexual Visibility and Education Network과 같은 온라인 공간 덕분에 무성애자들이 공동체를 구축하고 연구자들은 그들과 함께 무성애에 대해 더 깊이 연구하는 동시에 그들의 경험을 널리 알리는 일이 쉬워졌다.

과거 심리학자들과 정신 의학자들은 '성적 끌림의 결여'가 성 기능 장애의 일종이라고 가정했으며 당시 무성애자들은 '성욕 감퇴 장애hypoactive sexual desire disorder' 또는 이와 유사한 진단을 받았을 것이다. 하지만 이 분야에서 심리학자 로리 브로토Lori Brotto가 수행한 연구[11]에 따르면 DSM-5는 무성애자를 이런 식으로 진단하거나 어떤 장애로도 취급되어서는 안 된다는 점을 분명히 했다. 해당 연구는 무성애자라는 이유로 어떠한 고통이나 관계에서의 어려움을 겪지 않는다는 사실을 보여 주었다. 이들이 겪는 유일한 어려움은 무성애를 이해하지 못하는 다른 사람들이 던지는 부정적인 시선이었다. 예를 들어, 무성애자에 대한 마크 캐리간Mark Carrigan의 연구에 따르면 무성애자 중 다수가 다른 이들에게 적대적인 대우를 받았다. 종종 그들의 섹슈얼리티는 그저 지나가는 단계에 불과하며, 아직 적당한 사람을 만나지 못한 것이라는 말을 들었다. 또 섹스 토이를 선물받거나, 심지어 그들의 섹슈얼리티를 '바로잡아' 주고 싶다는 이들에게 성폭행을 당하기도 했다.[12]

무성애는 우리가 이전 장에서 끌리는 대상의 젠더에 대해 살펴보았던 것처럼 성적 경험의 여러 측면이 하나의 연속선상에 존재하는 것임을 알 수 있도록 도와준다. 우리가 경험하는 여러 성적 측면 중 하나는 성적 끌림 혹은 성적 욕구의 정도이다. 일반적인 견해에 따르면 우리 모두가 규범에 맞는 정도의 성적 요구를 가지고 있어야 하며, 일주일에 '평균'에 가까운 횟수의 섹스를 해야 한다. 그러나 욕구의 정도가 연속선상에 존재한다고 이해하면, 누군가는 높은 수준의 성감을 느낄 것이고 다른 누군가는 성감이 낮을 수 있으며 전혀 못 느끼는 사람도 있을 수 있음을 인정하게 된다. 성적 욕구를 경험하지 않는 것은 어떤 범위에서든 성욕을 갖는 것과 마찬가지로 건강할 수 있다.

무성애 경험의 다양성 연구는 성적 끌림, 욕구, 흥분이 작용하는 방식이 다양하다는 이해의 폭을 넓히는 데 도움이 된다. 일부 무성애자들은 금욕주의자(섹스를 하지 않음)일 수 있고 일부 금욕주의자는 무성애자일 수 있다. 하지만 성적 욕구가 있지만 그것에 따라 행동하지 않기로 선택한 금욕주의자들이 있는 것처럼, 개인적으로 욕구를 느끼지 않지만 상대에게 성적 쾌락을 선사하기 위해 가끔 섹스를 하기로 선택한 무성애자들도 있다. 일부 무성애자는 섹스를 완전히 싫어하고, 일부는 그에 대해 좀 더 중립적이라고 느낀다. 일부 그레이에이섹슈얼grey-A(회색 성애자, 또는 회색 무성애자. 스스로 무성애와 유성애 사이에 있다고 여긴다.—옮긴이 주), 데미섹슈얼demisexual(반무성애자. 감정적으로 친밀한 유대를 형성한 뒤에 성적 끌림을 경험한다.—옮긴이 주)은 간혹 성적 끌림을 경험하며, 자신이 스펙트럼상 무성애와 유성애 사이의 어딘가에 있다고 여긴다. 이를테면, 이들은 성적인 것을 느낄 수는 있지만 오직 특정한 한 사람과만 가능하고, 혼자 하는 섹스는 가능하지만, 타인과는 섹스하지 않는다. 끌림의 대상이 되는 젠더와 마찬가지로 어떤 사람들은 자신의 섹슈얼리티가 유동적이고 변화 가능한 것으로 느끼는 반면, 다른 이들은 고정된 것으로 느낀다. 많은 무성애자가 연애 관계나 파트너 관계를 원하지만, 무로맨틱aromantic 무성애자는 그렇지 않다. (로맨틱 무성애자는 성적 끌림은 느끼지 않지만 연애 감정과 같은 로맨틱 끌림은 느끼는 유형이고, 무로맨틱 무성애자는 성적 끌림도 로맨틱 끌림도 느끼지 않는 유형이다.—옮긴이 주)

섹스는 정말 필수일까

우리는 무성애자들의 경험을 통해 섹스가 개인에게 중요하지 않거나 건강한 사람이 되는 데 필수적이지는 않음을 확인할 수 있다. 하지만 관계는 어떨까? 확실히 많은 무성애자가 섹스 없이도 행복하고 건강한 관계를 형성할 수 있다고 믿으며 실제로도 그렇다. 또한, 섹스와 관계에 대한 연구들은 건강한 관계를 유지하기 위해서는 섹스가 필수적이라는 일반적인 가정에 더 광범위한 차원에서 이의를 제기한다. 영국 성적 태도 및 생활 방식에 대한 국가적 조사National Survey of Sexual Attitudes and Lifestyles(이하 NATSAL)의 가장 최근 연구에 따르면, 많은 이들에게 섹스가 관계 유지에서 중요한 부분을 차지하기는 했다. 하지만 여러 섹스 조언서가 우리에게 이야기했던 것처럼 섹스 횟수가 적다거나 성적 문제가 있다고 해서 관계에 대한 불만으로 이어지지는 않았다.[13] 이와 유사하게, 장기적인 관계를 맺고 있는 사람들을 대상으로 한 최근의 주요 연구는 각 커플마다 (섹스를 전혀 하지 않는 경우에서 자주 하는 경우까지) 섹스를 하는 정도가 전부 달랐으며, 그들이 그 관계에서 얼마나 행복한지 또는 그것이 어떤 형태인지와 관련이 없다는 사실을 밝혔다. 사실 사람들은 종종 다른 형태의 정서적 친밀감이나 신체적 친밀감을 섹스보다 더 높게 평가한다.[14]

또한 우리가 수많은 섹스 조언서의 다음과 같은 가정들을 반박하는 것이 도움이 될 수 있을 것이다. 이러한 책들은 우리의 관계가 성관계에 바탕을 두어야 한다고 주장한다. 또 처음부터 파트너 관계를 맺어야 하고, 모든 성적 욕구는 이 안에서 해결해야 하며 이러한 관계 상실을 두려워해야 한다고 말한다. 다음 장에서 성적인 관계와 성적이지 않은 관계를 갖는 다양한 방법에 대해 논의하면서 이러한 생각 중 몇 가지를 다시 살펴볼 것이다.

진정한 섹스의 의미

지금까지 현재 섹스 모델이 가진 몇 가지 주요 문제점을 다뤄 보았다. 우선 현재 섹스 모델은 이성애자가 아니거나 PIV 섹스를 하지 않는 사람들을 배제한다. 또 '제대로 된 섹스'에 대한 제한된 견해를 제공하고 그것을 따를 수 없거나 혹은 원하지 않는 이들은 기능상 장애가 있는 것으로 간주한다. 모든 이가 성적 욕구를 '가져야 한다'고 암시하고, 성적 욕구는 그 정도가 서로 다르다거나 종종 삶이 흐름에 따라 변하기도 한다는 사실은 제대로 인식하지 못한다.

생물 심리 사회적 섹스

앞서 확인했듯이, 섹스 및 섹스 관련 문제를 생리적 관점에서 바라보고, 생식 기관에서 원인을 찾아 그에 따른 의학적 또는 신체적 해결책을 강구하는 것이 지배적인 시각이다.[15] 심리적·사회적인 원인보다 생물학적인 부분에 초점을 맞추는 이러한 경향에는 문제가 있을 수 있다. 반면 생물 심리 사회적 접근은 우리가 겪는—긍정적이든 부정적이든 혹은 두 가지 면이 결합된 것이든—성적 경험에 영향을 주는 모든 요소를 포착하는 데 더 큰 도움이 된다. 이전 장에서 간략히 다룬 생물 심리 사회적 접근을 떠올리면서, 다음의 사례들에 대해 생각해 보자.

성 치료사 페기 클라인플라츠Peggy Kleinplatz는 자신의 의뢰인인 스미스와 진행한 상담 내용에 대해 이야기한다. 스미스는 PIV 섹스를 매우 두려워했으며 약혼자와 섹스하려고 시도할 때마다 질이 지나치게 긴장되는 것을 느꼈다. ('삽입 장애' 또는 '질경련'으로 진단받았을 수 있다.) 클라인플라츠는 스미스의 문화적 배경을 조사하면서 그녀의 집안에서는 섹스에 대한 언급 자체가 철저히 금기시되었다는 것을 알았다. 또 섹스는 수치스러운 것으로, 성적 관계가 어떠 해야 하는지 전혀 몰랐다는 사실도 발견했다. 스미스는 삽입을 강요하고 자신을 폭행한 남자와 끔찍한 첫 연애를 했다. 스미스는 자신이 연애를 할 때마다 스스로 얼마나 무력하게 느껴졌는지와 같은 자신의 경험에 대해 클라인플라츠 박사와 이야기하며 공유했다. 이는 자신에게 일어났던 일에 대해 느끼는 분노를 직시하는 데 도움이 되었다. 또한 자신이 통제력을 가질 수 있는 방법들에 대해서도 이

야기할 수 있었다.[16]

나도 스미스와 비슷한 문제로 어려움을 겪고 있던 의뢰인 헬렌과 상담을 했다. 헬렌은 자신의 질이 너무 긴장되는 탓에 PIV 섹스를 하는 것이 매우 고통스러웠다. 클라인플라츠처럼 나 역시 헬렌의 더 넓은 세계를 이해하고자 노력했다. 우리는 그녀가 자신의 몸에 대해 어떻게 생각하는지에 대해 많은 이야기를 나누었다. 헬렌은 자신의 몸에 대해 매우 부정적이었다. 상대가 자신의 '뱃살'이나 '셀룰라이트'를 보고 애정이 식을까 걱정했다. 섹스할 때도 제일 매력적으로 보일 것 같은 체위로만 하고자 스스로 제한했다. 우리는 또한 헬렌이 (여성으로서) 느낀, 항상 타인을 위한 무언가—바람직한 파트너, 싱글 맘인 어머니의 착한 딸, 직장에서 모든 감정 노동을 도맡아 하는 사람—가 되어야 한다는 압박감에 대해서도 이야기했다. 치료는 헬렌이 자기 본연의 모습을 찾는 것—그녀 인생에 들어와 있는 다른 사람들과 마찬가지로 그녀 자신과 그녀가 이루고자 하는 목표를 가치 있게 여기는 법을 배우는 것—에 초점을 맞추었다.[17]

이러한 사례들은 성적 경험이 어떻게 생물 심리 사회적

인 것이 되는지, 사람마다 섹스에 대해 얼마나 다른 의미를 가지는지를 명백하게 보여 준다.

우리는 스미스와 헬렌의 사례를 통해 사람들이 성장한 문화적 맥락이 전체 그림의 중요한 부분이라는 사실을 알 수 있다. 스미스에게는 섹스를 둘러싼 수치심과 금기가, 헬렌에게는 바람직한 파트너로서, 그리고 다른 사람을 돌보는 것이 전부인 존재로서의 여성의 가치가 중요했다. 또한 이들이 살아오며 겪은 경험들이 문화적 메시지와 결합해, 개인의 특정한 성적 경험에 연결되었음을 확인할 수 있다. 스미스의 경우에는 폭력적인 첫 연애가 공포와 고통을 남겼다. 헬렌의 경우에는 아버지가 어린 나이에 그녀를 떠났던 과거가 관계가 끊어지는 것에 대한 특정한 두려움을 심어 주었다. 이러한 심리 사회적 요소들은 지난 장에서 언급한 방식으로 우리의 뇌와 신체에 영향을 미친다. 특히 여성의 경우, 통제하기 힘든 신체를 통제해야 한다는 문화적 메시지가 그들의 몸을 필요 이상으로 긴장에 익숙해지게 했을 수 있다. 예를 들어, 다른 사람이 자신이 생리 중이라는 사실을 알게 된다거나 공공장소에서 방귀를 뀌는 등 수치스러운 상황을 겪는 것에 대해 두려워하는 것이다. 발기 부전을 겪는 남성에 대한 사례 연구와 비교해 보면 유사한 경우를 볼 수 있다. 클라인플라츠는 비아그라를 복용하는 것에 대해 스스로 실패자라고 느끼고, (필자가 앞서 설명한 바와 같이) 남성으로서 음경은 단단해야 하며 능동적으로 행동해야 한다는 압박감에 큰 영향을 받은 한 남성에 대해 이야기한다.[18] 저명한 치료사인 어빙 얄롬Irving Yalom은 비슷한 문제가 있는 남성의 사례를 들었다. 이 남성은 임박한 은퇴와 지금까지 살아오며 하지 못한 모든 일에 대한 두려움을 해소하는 방편으로 섹스를 했다. 하지만 은퇴의 순간이 다가올수록 스스로 주의를 다른 곳으로 돌리려고 사용했던 과거의 방식으로는 불안감을 떨칠 수가 없었다.[19]

이와 같이 섹스가 가진 각각의 측면은 개인의 문화적 배경과 개인적 경험에 따라 저마다 다른 의미를 지닐 것이다. 하나의 성적 경험—오르가슴—과 그에 대해 사람들이 느끼는 다양한 방식에 대해 생각해 보자. 아마도 다음과 같은 것들이 있을 것이다.

> 기계적 해소, 남성성 또는 여성성 입증, 스트레스 해소, 통제력 상실, 누군가에게 자신의 가장 취약한 모습을 보

> 여 주는 것, 친밀감의 표시, 육체적 쾌락의 정점, 초월적인 영적 경험, 기량을 보여 주는 행위, 상대에게 아낌없이 힘을 주는 것, 상대에게 힘을 행사하는 것, 창조적인 자기 표현의 형태, 다소 터무니없는 인류애를 유머러스하게 보여 주는 것, 야생적이고 동물적인 것의 발산, 깊이 체화된 경험, 육체적 감각과 고통으로부터의 도피, 완전히 살아 있음 혹은 자유의 순간.[20]

그러므로 우리는 왜 누군가는 정말 오르가슴을 원하고, 누군가는 딱히 원하지 않으며, 또 누군가는 더 중립적이거나 양가감정을 가지는지 이해할 수 있다.

자신에게 섹스란 어떤 의미를 지니고 있는지 생각해 보거나, 이러한 관점에서 다양한 성적 활동 및 경험에 대해 떠올려 보자. 물론 각각의 성적 활동과 경험은 (다른 때에, 또는 동시에) 여러 가지 다른 의미를 가지고 있을 것이다.

지금까지 우리는 섹스와 섹슈얼리티의 모든 측면에서 생리학적인 면과 타인과 공유하는 문화적 메시지와 더불어 개인의 특정한 삶과 몸에 새겨진 고유한 경험들이 어떤 식으로 존재하는지 살펴보았다. 이러한 요소들을 고려해 보았을 때, 어떤 성적 경험이나 문제에 대해 한 가지 보편적인 원인이나 설명, 또는 치료법이나 해결책에만 초점을 두는 것은 지나치게 단순해 보인다. 모든 경우에 두루 적용할 수 있는 성 치료법이나 섹스 조언은 존재하지 않는다. 대신 살면서 겪어 온 개인의 고유한 인생 경험과 우리 각자에게 섹스가 지니고 있는 의미를 자세히 들여다보아야 한다.[21] 다음 장에서 이러한 다중적 의미에 대해 더 자세히 다루도록 하겠다.

성 치료의 목표와 방향

이 모든 것이 성 치료사들이 어떻게 하면 내담자와 가장 잘 협력할 수 있을지에—그리고 사람들에게 제공할 수 있는 심리적으로 정통한 섹스 관련 조언이나 성교육 등에—영향을 미친다. 앞에서 보았듯이 모두가 발기, 삽입, 오르가슴 또는 그밖에 섹스의 측면에 대해 같은 경험을 했다고 가정하기보다는, 섹스에 대한 개개인의 경험을 들여다보는 것이 중요하다. 또한 섹스는 생물 심리 사회적이며 이

세 가지 측면(생물학적, 심리적, 사회적) 모두에 동등한 비중을 두고 있음을 기억해야 한다.

목표보다는 즐거움에 집중하기

주류 성 치료법은 섹스의 즐거움보다는 목표에 초점을 둔다는 비판을 받아 왔다. 지나 오그던Gina Ogden은 이를 두고 성적 정상성sexual normalcy을 의미하는 '하는 것doing it' 이론과 성적 만족을 의미하는 '사정했어didja come?' 이론으로 설명한다![22] 목표에 집중하게 되면 역설적으로 원하는 결과와는 정반대의 결과를 얻을 수 있다는 위험이 있다. 이를테면 불면증 같은 것이다. 불면증에 시달리는 사람이 할 수 있는 최악의 일은 잠들려고 애쓰는 것이다. 발기하려고 애쓰거나 오르가슴에 도달하려고 시도하는 것 역시 비슷한 맥락이다. '얻으려고' 하면 할수록, 더 멀어지기 마련이다. 성 치료사들은 사람들이 특별한 뭔가가 일어나게 하려고 노력하기보다는 섹스하면서 경험하는 것이 무엇이든 '그 순간에 충실'하도록—목적지보다는 여정 자체에 집중하도록— 북돋는 마음 챙김mindfulness 방식에 점점 더 주목하고 있다.[23] 물론 다양한 체위로 PIV 섹스를 해야 하고, 욕구기부터 흥분기를 거쳐 '끝내주는' 오르가슴을 느끼게 되는 선형적 단계를 따라야 하는 등의 모든 문화적 압력을 고려했을 때, 즐거움 자체에 집중하기는 쉽지 않다.

앞서 언급한 NATSAL 연구에 따르면, 남성의 42%와 여성의 51%가 적어도 한 가지의 성적 문제를 겪고 있다고 밝혔다.[24] 즉, 스스로 성적 문제가 있다고 여기는 사람이 영국 인구의 거의 절반에 가까운 것이다. 만약 우리가 섹스에 대해 이처럼 제한된 시각을 갖지 않고, 섹스로 간주되는 것에 대한 정의를 확장하고, 성적 성공으로 여겨지는 정해진 목표를 달성하는 것보다 어떤 종류든 쾌락을 느끼는 것 자체를 목적으로 삼는다면, 과연 스스로를 지금과 같은 방식으로 바라보는 사람들이 얼마나 될지에 대해서 생각해 보는 것도 의미가 있을 것이다.

치료의 목표가 발기, 삽입, 오르가슴을 가능하게 하는 데 국한될 경우, 성적 문제가 한 개인의 삶에 내재된 더 넓은 차원의 문제들에 대해 말해 주는 것들을 쉽게 놓칠 수 있음을 우리는 보아 왔다. 발기를 원치 않는 음경이나 삽입을 싫어하는 질은 잠재적으로는 합리적인 것으로 생각될 수 있다. 우리가 고통스러운 경험을 재생하거나 우리의 몸을 기계처럼 다루지 않도록 막아 주고 있는 것이다.[25]

발기, 삽입, 오르가슴에만 초점을 맞추다 보면 평범한 섹스를 위한 능력을 재정비하는 일을 훨씬 뛰어넘는 성 치료법에 대한 가능성 또한 간과할 수 있다. 페기 클라인플라츠는 성 치료사들이 자신의 내담자들에게 다양한 가능성을 실질적으로 제공할 수 있다고 제안한다. 치료사들은 내담자가 단지 '기능'할 수 있도록 하기 위한 효과적인 방법을 선택할 수 있으며, 우리는 그것을 존중해야 한다. 하지만 우리가 만약 이것과 함께 다른 대안을 제공한다면, 그들은 관계를 더 굳건히 다지고, 섹스에 대한 생각을 바꾸고, 자신의 삶을 더욱 폭넓게 다루기 위한 선택을 할 수 있을 것이다.[26]

섹스는 관계다

우리가 다른 사람과 섹스를 할 때, 그 의미는 각자에게 다를 가능성이 높다. 예를 들어, 앞서 언급한 발기 부전을 겪는 남성들에게 섹스는 행하거나 실패하는 것, 또는 진정되거나 불안을 느끼는 것이 전부였다. 이들의 파트너에게 섹스는 자신이 바람직한 상대임을 확인받는 수단이거나, 관계에서 안전하다고 느끼기 위해 주기적으로 치르는 의식의 역할을 했을 수 있다. 따라서 성적 문제가 있거나 섹스를 안 하는 것은 사람마다 서로 다른 의미를 가진다. 이러한 관계에 대한 이해가 없다면, 자신이 생각하는 섹스의 의미가 상대에게도 똑같이 적용될 것이라고 가정하거나, 상대가 특정한 종류의 섹스를 원할 것이라고 추측하거나, 자신이 원하는 것을 하고자 상대를 설득하는 일 등은 상황에 추가적인 압박을 가할 수 있다. 만약 관계를 맺고 있는 상황이라면, 치료에는 당사자 모두가 참여하는 것이 도움이 된다. 섹스는 두 사람 사이에서 일어나는 일이지, 별개로 발생하는 것이 아니기 때문이다.

주류의 섹스 조언이 끊임없이 생산하는 섹스에 대한 또 다른 미신은 파트너들끼리 원하는 섹스의 양과 종류 모두가 완벽하게 일치해야 한다는 것이다. 사실 그런 일은 거의 없다. 어떤 관계에서든 욕구의 정도와 유형이 어느 정도 겹칠 수 있으며, 전혀 겹치지 않는 부분도 있을 수 있다. 또한, 욕구의 정도와 유형은 유동적이기 때문에 이는 관계가 지

속되는 동안 시간에 따라 이동하고 변화할 것이다.[27]

우리가 섹스에 대한 이해를 넓히면 파트너 간 성적 불일치나 변동이 존재함을 인정할 수 있다. 또 혼자 하는 섹스나 성적 환상, 또는 다른 성적 관계 등을 통해 다양한 성적 욕구를 충족시키기 위한 여러 가지 선택을 이야기할 수 있을 것이다. 하지만 심리학자 샌드라 바이어스Sandra Byers는 관계 안에서의 개방적 의사소통의 수준이 매우 낮다는 사실을 발견했다. 10년 이상 연애를 한 사람들도 여전히 파트너에게 자신의 성적 호불호에 대해 전부 이야기하지 않았다. 그들은 자신의 파트너가 성적으로 좋아하는 것에 대해서는 60% 정도 알고 있는 반면, 좋아하지 않는 것에 대해서는 불과 20%만을 알고 있었다.[28]

섹스할 때 상대와 공유하고 싶은 성적 취향이 얼마나 되는지에 대해 생각해 보는 것이 도움이 될 수 있다. 섹스에 대한 문화적 압박과 수치심은 섹스가 서로 교감하며 이루어지는 행위임을 확실히 하는 데 중요한 영향을 미친다. 이에 대해서는 다음 장에서 다시 다루도록 하겠다.

이 장에서 기억해야 할 것들

이 장에서는 심리학, 정신 의학, 성 치료에서 '제대로 된 섹스'를 오르가슴으로 이어지는 PIV 성교로 여기는 경향이 있음을 확인했다. 욕구나 흥분 및 발기, 오르가슴을 느끼지 않는 사람들은 성 기능 장애가 있거나 성적 장애가 있는 것으로 여겨져 왔다.

또 지금까지 섹스에 대한 제한된 시각이 더 광범위한 문화에 존재하며, 많은 사람을 제외하는 동시에 포함되는 이들에게는 비현실적인 압력과 제한을 가해 왔음을 살펴보았다. 제니 반 후프Jenny Van Hoof는 젊은 커플들의 경우 섹스에 대한 이러한 제한적인 정보들에 눈에 띄게 영향을 받는다는 사실을 발견했다. 이들은 섹스를 장기 연애를 위한 필수 요소라고 생각하는 경향이 있으며 남성은 섹스를 필요로 하는 존재이고 성적 관계를 잘 유지하는 일은 여성에게 달려 있다고 가정한다.[29]

우리가 이 장에서 다룬 연구 및 이론에 근거한 더 개방적이고 포괄적 의미의 섹스는 다음과 같을 것이다.

- 성적 욕구의 정도와 상관없이 (전혀 없거나 높거나, 또는 그 중간 지점 어디든) 완벽하게 건강할 수 있으며, 삶과 관계를 통해 같은 상태를 유지할 수도, 또는 변화할 수도 있다는 사실을 인정하는 것.
- 다양한 종류의 삽입뿐 아니라 자위나 손을 이용하는 것, 몸을 문지르는 것을 포함해 어떤 형태든 합의에 의한 섹스는 동등하게 유효하다는 사실을 인지하는 것.
- 섹스는 개개인에게 각자 다른 의미를 지니고 있음을 깨닫고, 자신과 자신의 성적 파트너가 지닌 섹스에 대한 생물 심리 사회적 경험에 관심을 기울이는 것.
- 섹스의 초점을 '그 순간에 충실'하는 것에 맞추고, 어떤 특정한 목표를 달성하기보다는 관련된 모든 사람이 어떤 기분을 느끼는지에 집중하는 것.

이전 장에서 이야기했듯이, 여기서 중요한 메시지는 섹스가 다양하다는 것이다. 모든 사람을 가정된 표준에 비교하는 대신에, 우리는 사람들이 가지고 있는 다양한 수준과 형태의 욕구를 받아들일 수 있다. 이에 대해서는 마지막 장에서 더 심도 있게 다룰 것이다.

04
'정상적인' 섹스

앞 장에서 우리는 섹스를 기능적인 형태와 기능 장애적 형태로 구분하는 것의 의미를 살펴보았다. 이 장에서는 일반적으로 섹스를 구분하는 다른 방식, 즉 정상적인 섹스와 비정상적인 섹스로 나누는 방식에 대해 분석해 볼 것이다. 우선 현재의 정신 의학적 진단이나 심리학 교재에서 말하는 성적 장애의 두 가지 주요 범주는 '성 기능 장애'와 '성도착증(또는 비정상적 성적 요구)'임을 기억하자.

2장에서 보았듯이, 섹스에 대한 심리학적 사고가 시작된 이래로 심리학자들과 다른 분야 학자들의 주요 프로젝트는 섹스를 정상적인 것과 비정상적인 것으로 나누는 것이었다. 초기 성과학자들부터 현재의 미국 정신 의학회의 DSM-5까지, 성적 이탈, 변태 성욕, 또는 성적 도착의 목록이 존재한다. 하지만 이러한 맥락에서 정상적이고 비정상적이라는 것은 무엇을 의미하는가? 그리고 이것은 과연 다양한 종류의 섹스를 구분하는 유용한 방법인가?

우려를 불러일으키는 섹스

더 자세한 이야기를 시작하기 전에, 다양한 성적 관행들을 어떻게 구분할 것인지에 대해 각자 생각해 보는 것도 의미가 있을 것이다. 다음은 내가 '성도착 장애paraphilic disorders'와 관련해 치료사와 다른 의사들을 훈련하기 위해 개발한 실습 문제이다.[1]

다음의 목록을 읽어 가면서 만약 친구가 이러한 활동을 한 적이 있다고 밝힌다면, 걱정스러울지 아닐지 자신에게 질문을 던져 보자. 목록의 끝부분에 도달했다면 어떤 항목이 가장 걱정되고 가장 덜 걱정되는지 스스로에게 물어보

자. 우려가 되는 항목들과 덜 우려되는 항목들을 구별하기 위해 주요 개념들을 메모한다면 유용할 것이다.

- 한 남성은 공포에 질려 소리를 지르고 울부짖게 되는 무서운 상황에 처하는 데서 흥분을 느낀다. 그는 다른 사람을 끌어들여 그런 효과를 낼 수 있는 특별한 장치에 자신을 집어넣도록 한다. 그 장치 안에 들어간 채로 정해진 시간이 끝나면, 얼굴이 창백해지고 눈에 눈물이 맺히지만, 그는 다시 그 고통을 겪게 해 달라고 애원한다.
- 한 여자는 낯선 사람에게 자신의 생식기에 극심한 고통을 가해 달라고 부탁한다. 그녀는 그 고통스러운 시간이 지나간 뒤에 고통을 더 매력적으로 느끼기 때문에, 이것을 주기적으로 즐긴다. 때때로 스스로 고통을 가하기도 한다. 제대로만 하면 영구적인 손상은 없다.
- 작은 무리의 사람들이 다른 사람이 강간당하고, 모욕당하고, 고문당하는 역할 놀이를 지켜보기 위해 사적인 공간에서 만나기로 계획한다. 그들은 이것이 즐겁게 저녁 시간을 보내는 방법이라고 생각한다.
- 두 사람이 공공장소에서의 난투극을 계획한다. 그들은

결전의 날을 위해 사전에 따로 준비하느라 엄청난 시간을 투자한다. 그날 밤 그들은 이를 위해 새틴으로 만든 옷을 입는다. 그들은 주변에 모여든 군중이 보는 앞에서 서로 구타하기 시작한다. 둘 중 하나가 잠시 의식을 잃으면, 난투극은 성공으로 간주한다. 구타가 너무 심해서 영구적 손상을 초래할 수 있다.

- 한 여성은 외모를 꾸미는 데 몇 시간을 소비한다. 그녀는 수천 파운드를 들여 사들인 옷 중에 골라 입는데, 이 옷들은 전부 신체 부위를 고통스럽게 조여서 몸을 억지로 부자연스러운 모양이 되게 만들고 정상적으로 기능할 수 없도록 한다. 그녀는 이것이 장기간에 걸쳐 자신에게 영구적인 손상을 줄 수 있다는 사실을 알고 있다. 하지만 고통에도 불구하고 큰 쾌락을 느낀다.
- 한 남성은 집단 의식儀式의 일환으로 정확히 어떤 일이 발생할지는 모르지만 대단히 힘들 것이 짐작되는 게임에 참여하기로 한다. 게임이 진행되며 벌어지는 여러 가지 일 중 하나로 그는 일반적이지 않은 의식 상태에서 옷이 벗겨진 채로 공공장소에 홀로 남겨진다.
- 한 남성은 자기 주인을 위해 모든 것을 바친다. 그는 주인

이 정한 규칙이 허락하지 않는 일은 어떤 것도 하지 않는다. 그는 종종 흥분 상태에 있다고 느끼거나 그럴 수 있기를 바라면서도 주인이 필요에 따라 정해 둔 절차를 거치기 전까지는 성적 만족을 경험하는 것을 스스로 허락하지 않는다. 그는 같은 주인에게 맹세한 다른 사람들과 대부분의 시간을 보내지만 그들 중 누구도 그를 직접 만난 적은 없다.

섹스의 기준을 정하는 선 긋기

훈련을 위해 이 실습 문제를 사용하면 보통 우려되거나 우려되지 않는 성적 행위 및 용인 가능하거나 용인 불가한 성적 행위를 설명하기 위해 그리는 선의 종류에 대한 유용한 논의로 이어진다.

어떤 사람들은 자신이 선을 긋는 기준은 그 행위가 '피해'를 주는지와 그 피해가 '영구적'인지 '일시적'인지에 관한 것이라고 말한다. 다른 이들은 '자신'에게 해를 끼치는 것인지 '타인'에게 해를 끼치는 것인지를 기준으로 구별한다. 어떤 사람들은 그 행위가 얼마나 '드문지' 혹은 '흔한지', 또는 얼마나 '극단적'인지의 정도가 영향을 준다고 말한다. 어떤 이들에게는 '참여한 인원의 수'가 이러한 행위에 대한 느낌을 결정하는 데 영향을 미치며, 더불어 그것이 '기존 관계'에서 이루어진 것인지 낯선 이와 한 것인지도 고려한다. 사람들은 불법 행위와 관련한 선에 대해 이야기하고 '환상'과 '현실' 사이의 선에 대해서도 이야기한다. 이러한 행위가 주는 것이 괴로움인지 즐거움인지를 거론하기도 한다.

사람들은 흔히 참여자들이 활동에 참여할 것을 '동의'했는지—자유 의지에 따라 참여를 결정했는지 그리고 '정보에 입각한 동의'가 가능했는지—여부에 따라 선을 긋는 것에 대해 이야기한다. 예를 들어, 집단 의식은 참여자가 자신이 동의하는 대상이 무엇인지 모르고 대중은 그 활동을 목격하겠다고 동의하지 않았을 수 있기에 종종 우려를 불러일으킨다.

유효하게 시도해 볼 수 있는 또 하나의 비슷한 방법은 자신이 알고 있는 모든 성적 행위를 나열한 다음 가장 용인 가능한 것부터 용인 불가한 것까지 연속선상에 두는 것이다. 그러고는 선상에서 용인 가능한 섹스와 용인 불가한 섹스로 구분된다고 생각되는 지점에 선을 긋는다. 그렇게 함으로써 자신이 섹스를 이야기할 때 적용하는 기준이 무엇인지에 대해 더 많은 단서를 발견할 수 있을 것이다. 더불어 현재 자신이 섹스에 대해 가진 생각이 어디서 유래했는지를 떠올려 보는 것도 방법이 될 수 있다.[2]

이 장 전반에 걸쳐 다시 다룰 것이므로 이 실습 문제에 대해 각자 어떠한 생각을 했는지 잘 기억해 두자. 심리학자들, 정신 의학자들, 그리고 심리 치료사들 또한 어떤 요소가 성도착 장애paraphilic disorder 여부를 판단하는 기준인지를 결정할 때 이처럼 여러 가지 다양한 개념—피해, 공통성, 관계적 맥락, 합법성, 환상과 현실, 선택, 동의—을 혼합하여 적용하는 경향이 있음을 확인하게 될 것이다.

정상적인 섹스와 비정상적인 섹스?

이제 DSM-5가 정의한 성도착 장애의 가장 최신 목록을 살펴보자.

성도착 장애

DSM-5는 성도착을 '극심하고 집요한 성적 관심… 생식기 자극이나 사전 애무 외에 외양적으로 정상적이고 신체적으로 성숙하고 동의를 거친 인간 파트너가 아닌 대상'을 포함한 것으로 정의한다. 다음은 각 의미에 대한 간단한 설명이 있는 성도착 장애 목록이다.[3]

- **관음 장애**Voyeuristic disorder 다른 사람을 관찰하는 것을 성적으로 즐긴다.
- **노출 장애**Exhibitionistic disorder 다른 사람이 자신을 쳐다보는 것을 즐긴다.
- **성적 피학 장애**Sexual masochism disorder 굴욕, 결박, 그리고/또는 고통스러운 자극을 통해 성적 흥분을 느낀다.
- **성적 가학 장애**Sexual sadism disorder 상대에게 위의 언급된 행위들을 가함으로써 성적으로 흥분한다.
- **물품 음란 장애**Fetishistic disorder 사물이나 물질에 흥분을 느낀다.
- **복장 도착 장애**Transvestic disorder 보통 '이성'과 관련된 복

장을 함으로써 성적으로 흥분한다.

- **마찰 도착 장애**Frotteurietic disorder 다른 사람에게 자신의 신체 일부를 접촉하거나 문지르며 성적으로 흥분한다.
- **소아 성애 장애**Pedophilic disorder 아동에게 성적으로 끌린다.

이와 같이 앞서 실습 문제에서 살펴본 몇 가지 예시들이 위와 같은 요소들, 특히 처음 다섯 가지를 갖추고 있음을 확인할 수 있다. 이 요소들 중 (만약 있다면) 어떤 것이 자신에게 어느 정도 적용될 수 있을지 생각해 보자.

DSM-IV까지는 단순히 이러한 성적 관심을 가지기만 해도 도착증으로 분류되기 충분한 사유였다. 따라서 정신장애로 간주되었다. 하지만 DSM-5에서 분류 기준이 수정됨에 따라 관심만으로는 장애가 있음을 의미하지 않게 되었다. 도착 '장애'로 진단받으려면, 고통을 초래하는 두 번째 기준(진단 기준 B)을 충족해야 한다. 다음은 성적 가학증 장애에 해당하는 표현이다. (다른 경우도 매우 유사하다.)

진단 기준 A. 타인의 신체적 또는 심리적 고통을 통하여 느끼는 반복적이고 강렬한 성적 흥분이 성적 환상, 성적 충동, 또는 성적 행동으로 발현되며 적어도 6개월 이상 지속된다.

진단 기준 B. 이와 같은 성적 충동에 따라 동의하지 않은 사람에 대해 성적 행동을 하거나, 이러한 성적 충동이나 성적 환상이 사회적, 직업적, 또는 기타 중요한 기능 영역에서 임상적으로 심각한 고통이나 손상을 초래한다.

따라서 어쩌다 한번 위에 열거된 항목 중에 하나 이상에 성적 흥분을 느끼는 것이라면, 진단 기준 A 또는 B를 충족하지 않는다고 볼 수 있다. 해당 대상으로 인해 꽤 만족스러운 성적 흥분이 강렬하게 지속적으로 나타난다면 진단 기준 A를 충족하겠지만, 여전히 장애로 분류되지는 않는다. DSM에 따르면, 동의하지 않은 상대를 대상으로 성적 행동을 하거나, 그것이 고통 또는 장애를 초래할 경우에는 도착 장애가 있는 것으로 간주된다.

계속해서 도착 장애에 관한 몇 가지 문제를 다루기 전에, 이와 같은 진단 기준을 충족하는 사람을 정신 장애가 있는 것으로 분류해야 한다는 견해에 동의하는지 스스로 생각해 보자.

성도착자에 대한 비난

DSM은 여러 가지 성도착 장애에 대한 종합적인 정의에서 시작해, 이전 장에 나온 비정상적이고 제대로 기능하지 못하는 섹스에 대해서도 정의했다. DSM은 또한 정상적 혹은 제대로 기능하는 섹스가 무엇인지에 대해서도 규정한다. 정상적 섹스의 경우, 눈에 보이는 신체적 또는 생물학적 특성이 정상인 누군가와 생식기를 자극하는 행위를 말한다. 다시 말해, 혼자 하는 섹스나 상호 자위mutual masturbation를 비롯한 (추정상) 인터섹스(간성間性. 염색체, 생식샘, 성호르몬, 성기 등 남성이나 여성의 신체 정의에 규정되지 않는 특징을 가진 사람—옮긴이 주), 트렌스젠더, 장애가 있을 수 있는 사람이나 (어느 범위까지 '표현적으로 정상'의 정의에 포함시킬지 여부에 따라) 표준에 비해 신체 사이즈가 크거나 작은 사람과의 섹스는 정상적인 섹스로 간주되지 않는다.[4] DSM 정의의 이러한 측면은 3장에서 다뤘던 모든 이유에서 문제가 있다.

아마도 성도착 장애에 대한 가장 강력한 비판은 그것이 병리학적인 성적 관행에 대한 객관적이고 과학적인 목록

같은 것이 아니라 현재 우리의 사회적 관행의 반영일 뿐이라는 점이다.[5] 이는 동성애가 DSM에서는 1973년까지, 세계 보건 기구의 국제 질병 분류International Classification of Diseases(이하 ICD)에서는 1992년까지 정신 장애로 분류된 사실을 고려하면 더욱 명백하게 드러난다. 동성 끌림이 한때는 장애였다가 지금은 아니라면, 다른 도착 장애들 역시 단순히 더 넓은 문화에서 용인 가능한지 여부를 반영하는 것일 수 있지 않을까?

이쯤에서 앞서 살펴본 실습 문제를 다시 떠올려 보는 것이 유용하다. 그 목록을 읽어 내려가다 보면, 선을 그어 여러 성적 활동을 구분하고자 할 때 도움이 될 만한 것 외에 또 다른 요소가 있음을 깨달았을 것이다. 실습 문제에서 열거된 모든 활동은 실제로 주류 문화에서 매우 흔하게 접할 수 있다. 이 활동들은 각각 놀이기구 타기, 비키니 왁싱, '호스텔Hostel'이나 '쏘우Saw'와 같은 공포 영화 관람, 권투 경기, 하이힐이나 코르셋 착용, 총각 파티, 많은 종교인들의 관례를 순서대로 묘사하고 있다.

실습 문제는 이러한 측면을 통해 문화적으로 용인된 활동에 비해 문화적으로 비정상적이거나 지탄받는 활동을 할 때 사람들이 얼마나 더 큰 어려움을 겪는지를 강조한다. 일단 '진짜' 활동이 무엇인지가 밝혀지면, 사람들은 그때야 자신이 '정말로' 진지하게 피해, 고통, 동의 여부를 걱정한 것인지 자문하기 시작한다. 자신이 우려를 느꼈던 그 활동들이 실제로 어떤 것인지 알게 되는 순간 그 우려했던 마음이 갑자기 사라져 버렸기 때문이다. 그밖에 도움이 될 만한 비교 사례로는 비정상적인 신체 부위에 하는 플레이 피어싱play piercing(쾌락을 위해 피부 전반, 생식기, 젖꼭지, 드물게는 얼굴 등에 피하 주사 바늘을 찔러 얼굴을 일시적으로 장식함. 그 후에 바늘을 제거하고 상처를 치유할 수 있다. 액세서리 개념으로 하는 피어싱과 다른 의미이다.—옮긴이 주) 대 침을 놓는 것이나 문신, 서스펜션 본디지suspension bondage(결박을 뜻하는 본디지의 일종. 공중에 매다는 본디지—옮긴이 주) 대 암벽 등반 등이 있다.

DSM이 동성애를 다룬 역사를 살펴보면 도착 장애를 둘러싼 또 다른 문제를 밝히는 데 도움이 된다. DSM에서 처음으로 동성애가 삭제된 후, 동성애는 '자아 이질적 동성애ego-dystonic homosexuality'의 범주로 대체되었다. 이 용어는 기본적으로 동성애를 경험하는 사람들이 그로 인해 고통을 느끼거나 삶에 장애를 겪는다는 의미이다. 이를테면 요즘에는 '성도착증paraphilias'이란 표현 대신 '성도착 장애paraphilic disorders'라는 표현을 쓰는 추세인 것과 같다. 물론 이것의 문제점은 우리의 성적 정체성이나 성적 행위가 관대한 문화적 차원에서 용인되지 않을 때—최근까지 정신장애로 간주될 정도로—그에 대해 완전히 긍정적인 느낌을 가지기란 쉽지 않다는 점이다. 자신의 변태적 성적 욕구로 고통받는—혹은 과거 동성애적 성적 욕구에 시달린 경험이 있는—사람들은 본질적으로 장애를 안고 있는 것이 아니라, 그저 그들을 병적인 것으로 보고, 나쁘고 받아들일 수 없는 대상으로 보는 문화 속에서 존재하느라 힘들어 하는 것일 수 있다. 사람들이 못마땅해 한다는 이유로 장애로 분류된 것일 뿐이라는 경고에도 불구하고 특정 성적 행위를 DSM의 목록에 계속 올려놓는 것은, 이러한 행위에 대한 낙인을 지속시킬 뿐이다.

결국, 찰스 모저Charles Moser를 비롯한 다른 많은 이들은 성도착증이 혼란스럽고 불분명하며, 일관성이 없고 근거면에서도 부족하다고 비판했다.[6] 앞서 사람들이 성적 행위를 설명하기 위해 제시한 근거들을 돌이켜 보면, DSM 진단에서 이러한 근거들이 혼합된 상태로 작용한다. 일부 행위는 행동으로 옮겨질 경우 결코 동의를 얻을 수 없기 때문에 장애(예: 소아 성애 장애)로 분류되고, 상대의 동의 없이 행동으로 옮겨지는 행위들도 흔히 장애(예: 마찰 도착 장애 및 관음 장애)로 분류된다. 기타 고려 사항으로는 잠재적 피해가 타인에게 가해지는지(예: 성적 가학 장애) 또는 자신에게 가해지는지(예: 성적 피학 장애)의 여부가 있다. 또 그밖에 다른 행위와 관련해 발생 가능한 유일한 문제는 당사자 자신 또는 주변인에게 여러 가지 불편을 끼치는 정도(예: 물품 음란 장애, 복장 도착 장애)일 것이다. 앞으로 계속 확인하게 되겠지만, 소위 성도착 장애의 대다수는 실제로 매우 흔하게 존재하며 전체 인구 중 정신 장애와 관련이 있는 경우는 거의 없다. 또한 소아 성애 장애 외에는 모두 합의에 따른 행동으로 '이어질 수 있다.'

어떤 것을 성적 도착으로 분류하기 위한 다양한 이유들 간에 존재하는 편차(동의, 공통성, 피해 등) 외에도 선 긋기의 문제가 있다. 각자 생각해 보았을지 모르겠지만, 스펙트럼의 한쪽 끝에 있는 여러 가지 도착 장애는 수많은 사람에게 적용된다. 얼마나 많은 이들이 섹스를 주제로 한 영화를 즐겨 보고(관음 장애의 일종), 특정한 소재의 섹시한 의상(예:

애니멀 프린트나 레이스로 된 의상)을 입으며(물품 음란 장애의 일종), 또는 방으로 들어오는 사람들의 시선을 끄는 일을 즐기는지(노출 장애의 일종) 생각해 보자.

우리는 어떤 지점에서 한 개인이 너무 멀리 벗어나 스펙트럼의 '비정상적' 극단을 향해 있다고 판단하는가? 비정상이라 함은 무엇을 의미하는가? 애초에 스펙트럼의 범주를 '정상성-비정상성'으로 설정하는 것이 최선일까? 모저가 신랄하게 지적했듯이, 다른 어떤 성적 관행과 마찬가지로 이성애적 끌림 역시 도착 장애로 분류할 수 있다. 이성애적 끌림으로 인해 반복적이고 강렬한 성적 흥분이 발현되고, 이에 따라 동의하지 않은 상대에게 성적 행동을 하거나 심각한 고통이나 손상을 초래할 경우에는 말이다.[7]

비주류에서 배우기

최근까지 성도착적 또는 '비정상적' 성적 행위에 대해 연구해 온 심리학자들과 관련 전문가들은 사람들이 왜 그러한 행동을 하는지를 설명하는 데 주로 초점을 맞췄다. 동성 끌림 연구와 유사한 방식으로 주로 성적 가학 장애 및 성적 피학 장애 등의 보편적 원인을 알아내려고 노력해 온 것이다(1장 참조). 하지만 최근 몇 년간 많은 이들이 이러한 사고방식에 문제를 제기했다. 성에 대한 어떤 관념이나 행동의 용인 여부가 문화적 가정에 근간을 두고 있기 때문이다. 또한 인간의 행동은 단 한 가지로 설명 가능하고, 그것이 해당 행동을 하는 모두에게 동일하게 적용된다는 미심쩍은 생각에 대해서도 문제를 제기했다(2장 참조).

최근의 학자들과 전문가들은 주류에서 벗어난 성적 경험의 경계에 서 있는 사람에 대해 설명하며 그들과 최적의 거리를 유지할 방법을 찾지 않는다. 오히려 그들을 통해 무엇을 배울 수 있는지 질문을 던지는, 근본적으로 다른 접근방식을 취해 왔다.[8] 다음 두 부분에서는 이러한 종류의 심리학을 통해 우리가 알고 있는 변태적 성도착 장애와 일부일처가 아닌 관계를 살펴보는 동시에 성적 행위 및 성적 관계에 대해 더 광범위하게 다룰 것이다.

킨크와 BDSM

킨크kink(성적 성향의 일종으로, 변태적인 성적 활동을 즐기는 것—옮긴이 주)와 BDSM은 DSM에서 사디즘sadism과 마조히즘masochism이라고 부르는 대상을 가리킬 때 더 자주 사용되는 포괄적 용어이다. 이 두 용어는 종종 막연하게 사용되며, 노출증, 관음증, 페티시즘 등 다양한 성도착증 또한 이들의 하위 개념에 포함될 수 있다. BDSM은 각각 본디지bondage(신체 결박)와 디스플린discipline(훈육), 도미넌스dominance(지배)와 서브미션submission(복종), 그리고 사도마조히즘sadomasochism(가학 피학증)을 의미하며, 따라서 성적 행위의 범위를 꽤 폭넓게 아우른다.

BDSM은 성적 도착일까

성도착증paraphilias은 일반적으로 '비정상적 성적 욕구'로 특징지어지는 '질환'으로서, 보통 '극단적이거나 위험한 활동'을 수반한다. 먼저 BDSM이 이들 조건을 충족하는지를 살펴보자.

우선, 킨크가 '질환'이나 '장애'가 되려면 킨크스터kinkster(변태적 성적 활동을 즐기는 사람—옮긴이 주)가 다른 사람들보다 더 심각한 수준의 심리적 문제를 가지고 있어야 한다. 이 분야의 초기 연구에서는 BDSM과 다양한 정신적 고통의 관련성을 찾아냈다. 이후 사람들이 이 연구의 대부분이 정신 건강 전문가들이 자신의 환자에 대해 쓴 글로 구성되어 있다는 사실을 지적했다! 이는 '임상적 오해'를 보여 주는 한 예이다. 의사들이 어떠한 행위를 하거나 정체성을 가진 사람들을 유일하게 임상에서 경험했는데 이들이 마침 어려움을 겪고 있기 때문에 이러한 행위나 정체성이 병적이라고 가정하는 것이다. 물론 임상의들이 지켜보는 거의 모든 환자들은 전부 어려움을 겪고 있기 때문에 이것은 전혀 의미가 없다.

1980년대부터 심리학자들과 연구원들은 일반 대중 속 킨크스터를 연구하기 시작했고 그들을 BDSM에 관심이 없는 사람들과 다양한 방식을 통해 비교해 오고 있다. 이러한 종류의 연구에서는 변태적 성적 성향을 가진 킨크 집단이 다른 사람들보다 심리적으로 건강하지 않다는 근거를 발견하지 못했다.[9] 사실 가장 최근의 연구는 심지어 그들이 정신적으로 더 건강할 수도 있음을 암시했다. 한 연구 결과에 따르면 BDSM 행위자들은 평균적으로 신경과민이 덜 하고, 더 외향적이었다.[10] 새로운 경험에 더 개방적이고, 더 양심적이며, 거절에 덜 민감하고, 대조군에 비해 훨씬 더 건강하고 행복한 것으로 알려졌다. 또 다른 연구는 영화 '세크리터리Secretary'와 '그레이의 50가지 그림자Fifty Shades of Grey'에서 보여 주는 바와 같이 변태적 성향이 어린 시절의 학대와 트라우마에 뿌리를 두고 있다는 통념에 대한 증거를 찾지 못했다. 이 연구는 킨크스터들이 다른 사람들과 별다를 것 없는 어린 시절을 보냈음을 발견했다.[11]

그렇다면 이것이 '비정상'인 것일까? 연구에 따르면 그렇지 않다. 인구의 약 3분의 2가 본디지에 대한 '환상'을 가지고 있으며, 스팽킹spanking(엉덩이를 때리거나 맞는 것을 즐기는 성적 취향—옮긴이 주)과 롤플레이roleplay(성적 환상을 충족하기 위해 성행위에 있어 어떤 역할을 연기하며 그 역할과 관련된 복장을 입고 성행위를 하는 것—옮긴이 주) 등에 대한 관심 역시 크게 뒤처지지 않는다.[12] 3분의 1이 넘는 인구가—적어도 미국에서는—섹스 중에 마스크, 눈가리개, 본디지 도구를 사용한다.[13] BDSM 도구가 시내 중심가의 포르노 가게에서

판매되고 있고, (물론) '그레이의 50가지 그림자' 원작 소설과 영화가 전 세계적으로 베스트셀러 자리를 차지하고 있는 것을 보아 변태적 섹스에 대한 어느 정도의 관심은 흔하다. 즉, 소수라기보다는 다수에 가까운 사람들이 이에 관심을 가지고 있다.

성도착증은 '성적' 욕구에 관한 것인데, 그렇다면 BDSM 또한 언제나 성에 관한 것일까? 어떤 사람들에게 BDSM은 섹스에 관한 것이고 어떤 사람들에게는 오르가슴과 관련이 있다. 누군가는 다른 종류의 (감각이나 감정의) 절정이 있을 수 있고, 누군가는 아예 절정이 없을 수도 있다.[14] 어떤 이들에게 BDSM은 우리가 보통 섹스라고 생각하는 것보다는 여가 활동이나 스포츠, 예술의 형태, 또는 영적 수행에 가깝다.[15]

마지막으로, BDSM은 '극단적'이거나 '위험'한가? 연쇄살인범을 쫓는 경찰이 그를 찾으러 BDSM 클럽 안으로 들어간다. 혹은 어떤 사람이 킨크에 빠져 점점 더 극단적인 활동을 하게 되는 위험한 비탈길에 서 있다. 이런 것들이 여전히 주류 미디어에서 BDSM을 묘사하는 흔한 방식이다.

많은 심리학자들과 치료사들은 여전히 이러한 고정 관

념을 믿으며 사람들이 킨크에 참여하는 것을 막고자 노력한다.[16] 사실 (다시 말하지만) 킨크스터가 다른 사람들보다 더 학대를 좋아할 가능성은 없다. 물론 이것은 BDSM 세계 안에는 (일반 대중 가운데도 있듯이) 학대적 성향을 가진 무리가 있을 것임을 의미한다. 하지만 킨크스터의 학대적 성향이 일반 사람들보다 더 높지 않다는 점을 기억하는 일이 중요하다.

또한 킨크스터들이 다른 사람들에 비해 응급실에 더 자주 나타나지는 않는다.[17] 사실 이 장 초반부에 소개한 실습 문제에서 언급한 여러 활동 중 다수가 가장 일반적인 킨크 활동(스팽킹, 본디지 등)에 비해 훨씬 더 위험하고 상호 합의하에 이루어지지 않는 경우가 더 많다. 킨크에는 위험한 비탈길이 없다. 대부분의 사람들이 첫 BDSM 경험 후에 관심이 안정적으로 유지되는 '안정화'를 경험한다.[18] 물론 일부 킨크스터들은 더 극단적인 관행으로 간주되는 행위—킨크가 삶의 많은 부분을 차지하게 한다든가, 더 심한 고통 또는 자극을 견뎌 내려고 애쓰는 것 등—를 한다. 하지만 이는 장거리 달리기 선수, 암벽 등반가, 또는 기타 스포츠 선수들과 유사하다고 볼 수 있다. 그들 역시 자신이 하고 있거나 견디고 있는 대상으로 인해 흥분을 느끼기 때문에 심한 고통과 위험이 따르는 활동들에 인생의 많은 부분을 바친다.

우리는 성도착증의 요소 중 어떤 것도 전적으로 BDSM에 적용되지는 않는다는 사실을 확인했다. 성도착증은 심리적 문제와 관련이 없으며, 비정상적인 것도 아니며, 심지어 항상 반드시 성적이지 않고, 더불어 여러 문화에서 수용되는 다른 인간 행동들보다 더 극단적이거나 위험하지도 않다. 그렇다면 질문의 방향을 바꿔서, 우리 모두가 킨크스터를 통해 배울 수 있는 점은 무엇이 있을지에 대해 물음을 던져 보는 것은 어떨까?

킨크스터에게서 배우기

BDSM에 익숙하지 않은 사람들은 흔히 BDSM이 포함하는 대상의 범위는 한정적이고, 모든 참여자가 같은 이유로 그것을 한다고 생각한다. 예를 들어 영향력 있는 사업가가 채찍질을 당하기 위해 가죽옷을 입은 여성 지배자dominatrix(성적 쾌감을 위해 폭력을 휘두르며 성행위를 주도하는 여자. 흔히 '도미'라고 줄여 말하기도 한다—옮긴이 주)를 찾아가는 것과 같은 일반적인 고정 관념이 있다. 과거 심리학자들은 단 하나의 이유만을 가지고 모든 사디즘이나 마조히즘을 설명하고자 했다. 이를테면, 앞의 예시에서처럼 통제해야 하는 상황에서 해방되기 위한 수단이었다는 것이다. 그러나 사실 BDSM은 매우 다양한 행위를 포함하며 사람들은 다양한 이유로 BDSM을 한다.

예를 들어 BDSM은 다음과 같은 요소를 포함할 수 있다. 신체 감각(깃털에서 촛대, 채찍까지)이나 본디지(수갑에서 밧줄, 얽힌 끈까지), 지배와 복종(예: 한 사람이 다른 사람의 시중을 들고, 한 사람이 다른 사람에게 명령을 내리는 것), 훈육(예: 스팽킹, 질책), 복장 착용, 롤플레이(경찰관, 해적, 의사와 간호사, 교사와 학생 등). 그리고 이 모든 것들은 개별적으로 또는 동시에 일어날 수 있다.

BDSM은 사람에 따라서 통제권을 포기하고 내려놓는 방법이 될 수도 있고, 재미있는 놀이와 같은 활동이 될 수도 있다. 잠시 다른 역할을 맡아 다른 누군가가 되어 볼 수 있으며, 일종의 휴식으로 작용할 수 있다. 힘을 보여 주거나 반대로 얼마나 견딜 수 있는지를 보여 주는 방식이 될 수도 있다. 또 자신이 두려워하는 것(고통이나 괴롭힘 등)을 탐구하는 데 도움이 될 수 있으며, 상대와 친밀감을 쌓는 방법의 하나일 수 있다. 혹은 나중에 보살핌과 보호를 받는 이유를 제공하기도 한다. 심지어 여러 BDSM 상황 아래 같은 사람이 여러 의미를 가질 수도 있다.[19]

따라서 BDSM의 관행들은 우리가 '제대로 된 섹스'라고 배운 것(2장 참조) 이상의 에로스적 상상력을 확장시켜 즐길 거리를 제공한다. 자극을 느낄 수 있는 다양한 신체 부위, 다양한 감각, 다양한 심리 상태, 다양한 관계의 역동성을 탐구하는 방법을 제시할 수 있다. BDSM은 또한 모든 활동이 어떻게 다른 사람에게 다른 의미로 작용하는지를 기억하게 하는 데 도움을 준다. 예를 들어, 사람들은 각자 '굴욕감을 느끼는 것이 좋아서, 그로 인한 신체 감각이 좋아서, 스스로 얼마나 견딜 수 있는지 확인하고 싶어서, 통제권을 포기하고 다른 이에게 넘기는 것이 좋아서, 아이처럼 느껴지게 해 줘서, 금기처럼 느껴져서, 엉덩이가 주요 성감대라서, 상대와 긴밀한 친밀감을 느끼게 돕는 행위 같아서' 등의 여러 가지 다른 이유로, 또는 여러 가지 이유를 다 합친 이유로 스팽킹을 즐긴다.[20]

킨크스터는 자신이 무엇을 즐길지를 조정하고 이것을 타인에게 전달하는 유용한 방법을 많이 생각해 냈다. 이것은 우리가 지난 장에서 사람들이 성적 파트너와 섹스에 대해 소통하는 것에 얼마나 서투른지 배웠던 것을 고려해 보면 특히 도움이 된다. 예를 들어, '네, 아니오, 글쎄' 정도의 표현 목록은 사람들이 더 넓은 범위의 성적 활동에 대해 고민해 보고 그것들을 시도해 볼 의향이 있는지를 생각하는 데 도움을 준다. 신호등 표현과 같은 안전 단어 사용이나 1에서 10까지의 등급을 정해 두면 행위 중에 서로가 얼마나 즐기고 있는지를 확인하는 데 도움이 된다.[21]

하지만 최근 몇 년간 킨크 커뮤니티가 우리 사회에서 기여한 일 중 가장 유익한 것은 성적 동의에 대해 점점 높은 수준의 생각을 보여 줬다는 점이다. 이에 대해서는 이 장의 마지막 부분에서 다시 자세히 다루도록 하겠다.

비非/일부일처제

성도착 장애의 목록에서 분명하게 언급되지 않은 '정상적인' 섹스로 간주되는 것의 한 측면은 일부일처제monogamy이다. 2장에서 다룬 '섹스의 필수성'과 1장에서 다룬 '이성애 규범성'과 마찬가지로, 일부일처제—또는 '일부일처 규범monormartivity'—를 따르는 것이 정상이라는 생각은 사람들이 언급할 필요를 거의 느끼지 않을 정도로 당연하게 받아들여진다. 이 개념은 심리학과 더불어 광범위한 문화적 배경에 당연한 전제로 항상 존재한다.

일부일처 규범성

심리학 교재들을 검토하는 동안 그 안에서 다루고 있는 관계에 관한 모든 이론과 연구는 일부일처제를 가정한다는 사실을 깨달았다. 비非일부일처제는 관계에 있어 위험한 것으로 표현된 불륜 또는 부정不貞의 맥락에서만 다뤄졌다.[22] 관계 치료relationship therapy 또한 역사적으로 같은 가정을 해 왔다. 결혼했거나 오랜 기간 만난 커플돔coupledom(일반적으로 사회에서 말하는 정상적인 범주나 영역dom 안에 속하는 로맨틱한 관계를 맺고 있는 커플—옮긴이 주) 관계를 유지하고, 그 영역 밖에서 느낄 수 있는 어떤 끌림에 따라 행동하지 않도록 막는 것을 정상적인 방식으로 보는 것이다. 섹스 조언서들은 자신의 파트너가 아닌 다른 사람과의 섹스나 그룹 섹스에 대한 환상을 갖는 것은 지극히 흔한 일이라고 인정한다. 하지만 반드시 질투와 이별이라는 결과를 초래할 수밖에 없기 때문에 절대 이러한 욕구에 따라서는 어떠한 행동도 하지 말라고 경고한다. 섹스 조언서들이 이러한 역설을 다루는 가장 재미있는 방법 중 하나는 거울 앞에서 섹스하는 커플은 스리섬threesome(세 명이 같이 하는 성행위—옮긴이 주)을 하는 것과 같다고 제안하는 것이다![23] 물론 많은 주류 미디어가 '일부일처 규범성'에 기대고 있다. 우리가 한 명 이상과 사랑을 하는 것이—그리고/또는 섹스를 하는 것이—용인된다면 할리우드 영화, 드라마, 타블로이드 스캔들의 줄거리 중 말이 되는 것이 몇 개나 되겠는가?

그러나 일부일처제만이 관계를 맺을 수 있는 유일한 방법이라는 생각은 심각한 문제가 있다. 여기에는 자기 민족중심주의가 깔려 있다. 서구의 이상들이 어떤 일에 대한 올바르고 정상적인 방법을 나타낸다고 가정하는 것이다. 세계적으로 더 많은 사회가 일부일처제가 아닌 비일부일처제의 형태로 돌아가고 있다.[24] 서구 문화권에서조차 일부일처제 규범은 현실을 가리는 역할을 한다. 현실에서는 비밀리에 존재하는 비일부일처제가 일부일처제만큼 흔하고 보이지 않게 일어나는 불륜의 비율이 50~60%에 달한다.[25] 이는 현재 많은 사람이 법적으로 인정된 관계를 구축하지 못하고, 어쩔 수 없이 일부일처제인 것처럼 행동해야 하는 관계 속에서 수치심과 죄책감, 불안감과 질투심을 느끼는 지점에 있음을 의미한다.

공개적인 비일부일처제

지난 10년, 혹은 20년 동안 다양한 형태의 공개적 또는 합의적 비일부일처제에 대한 관심이 폭발적으로 증가했다. 무성애와 마찬가지로 온라인상에서 정보, 커뮤니티, 파트너를 찾을 수 있는 잠재력이 늘어난 것도 이와 같은 현상에 큰 부분을 차지하고 있다.

2000년대 초 내가 이 분야를 연구하기 시작했을 당시, 스윙어족swingers(자유 섹스 주의자. 성생활이 자유분방하며 쾌락을 추구하고, 부부끼리 배우자를 교환하는 스와핑을 하기도 함—옮긴이 주), 개방적 관계를 추구하는 동성애자, 폴리아모러스족(다자간 연애주의자)의 공동체들이 규모는 작지만 성장하고 있었다.[26] 앞의 두 집단은 일반적으로 커플 관계를 형성하지만, 커플 관계가 아닌 사람들과 혼자서 혹은 여럿이 섹스한다. 반면 폴리아모러스족은 다양한 형태로 여러 연애 관계를 맺는 것을 포함한다. 심리학자 테리 콘리Terri Conley는 현재 미국 인구의 약 5%가 합의된 비일부일처제 형태에 있으며,[27] 그 수치는 아마도 다른 서구 국가들과 비슷할 것이라고 추정한다.

킨크의 경우와 마찬가지로, 일부 심리학자들이 공개적 비일부일처제가 병적이거나 위험하다고 단순하게 가정했던 입장을 마침내 바꾸었을 때 그들이 처음으로 초점을 둔 부분은 비일부일처제 주의자들에게 오명을 씌우는 다양한 고정 관념을 확인하고 반박하는 일이었다.[28] 테리 콘리와 그녀의 연구팀은 사람들이 일반적으로 평생 일부일처제 관계를 유지하는 것이 커플의 성생활과 행복, 안녕, 그리고 자녀를 위해 가장 이롭다고 생각한다는 사실을 발견했다.[29]

하지만 이러한 믿음을 반박하고 공개 비일부일처제 형태의 관계도 동등하게 이로울 수 있음을 보여 주는 증거가 있다. 엘리자베스 셰프Elizabeth Sheff와 마리아 팔로타 치아롤리Maria Pallotta-Chiarolli와 같은 연구자들이 발견한 바에 따르면, 공개 비일부일처제에는 비공개 비일부일처제를 하면서 상대를 속이는 데 따르는 스트레스를 피할 수 있다는 것 외에도 장점이 있다. 다중 부모를 갖게 됨으로써 감정 측면에서나 실제 자원을 추가적으로 얻을 수 있으며, 열린 소통의 중요성을 강조하는 역할 모델을 접할 수 있는 등의 다양한 이점이 있다.[30] 여러 일부일처제 관계와 마찬가지로, 공개 비일부일처제에는 이별에 따른 애착 문제가 생길 수 있으며, 일부일처제 세상에서 비일부일처제 가족의 일원이라고 낙인찍힐 수 있는 문제 또한 존재한다.[31]

공개 비일부일처제로부터 배우기

킨키, 무성애자, LGBT의 경우와 마찬가지로, 소외된 정체성과 관행에 대해 설명하려는 심리학자들의 일반적인 추세를 뒤집고, 이처럼 비주류의 한계에 서 있는 이들에게서 우리가 배울 점이 있는지 의문을 가지는 자체가 이로울 수 있다.

공개 비일부일처 관계는 현재 우리의 문화 규범인 일부일처 동반자 관계의 이상적인 형태에 대해 몇 가지 중요한 문제를 제기해 왔다. 예를 들어, 이 분야의 역사학자들과 사회학자들은 이러한 종류의 커플돔과 핵가족이 비교적 새로운 현상이라고 지적했다.[32] 과거에 사람들은 흔히 낭만적인 사랑보다는 가족, 돈, 일, 육아 등의 이유로 관계를 맺었다. (그렇다고 낭만적인 사랑이 전혀 개입되지 않았다는 의미는 아니다.) 현재는 서로에게 전부가 되어야 한다는 것—가장 친한 친구, 연인, 그리고 같은 부모로서 소속감과 흥분, 타당성, 안도감을 제공하고 삶의 목표를 이룰 수 있도록 도와주는 존재가 되어야 한다는 것—이 동반자 개인에게 커다란 압박으로 작용한다. 심리학자 비야네 홈스Bjarne M. Holmes는 단 한 명의 완벽한 파트너가 있다는 강한 신뢰가 최악의 관계를 맺는 것과 관련이 있다고 했으며,[33] 심리 치료사 에스터 페렐Esther Perel은 따뜻함과 안정감을 주는 동시에 열정과 흥분까지 느낄 수 있는 관계가 얼마나 어려운지에 대해 말했다.[34]

그러나 이중 어느 것도 공개 비일부일처제가 일부일처제보다 관계를 맺는 방법 면에서 반드시 더 낫다는 의미는 아니다. 실제로 몇몇 저자는 공개 비일부일처제가 일부일처제처럼 문제가 될 수 있다고 저술했다. 백인 중산층의 규범 외부에 있는 이들을 종종 배제하거나[35] 일부일처제 관계와 다를 것 없이 한정적인 규칙과 성 역할을 영속시키려는 커뮤니티들이 존재한다는 것이다.[36] 따라서 일부일처제 대 비일부일처제라는 새로운 이분법을 믿으며 어느 것이 더 나은지 알아내려고 하는 대신, 세상에 존재하는 동등하게 유효한 관계를 이끌어 가는 방법들의 다양성을 인식하는 것이 더 유용할 수 있다.

이것이 바로 내가 이 부분을 비/일부일처제라고 이름 붙인 이유이다. 이 영역의 경계선은 점점 흐려지고 있다. 예를 들어, (다소 개방적인) 일부일처제적인 관계, 후크업 문화(감정적 유대나 장기적인 헌신을 반드시 포함하지 않고, 진지하게 사귀지 않고, 가볍게 섹스하는 등의 기타 성적 활동을 포함한 일상적인 성적 만남을 받아들이고 장려하는 문화—옮긴이 주),[37] 섹스 파트너로만 지내는 친구 사이, 또는 소프트 스윙잉soft swinging(커플이 파트너를 제외한 타인과 섹스까지는 하지 않는 것)과 같은 경우를 어느 지점에 두고 고려해야 하는지 고민이 될 수 있다. 또한 '묻지도 말하지도 말라' 합의(1993년부터 2011년까지 시행된 미국 성 소수자의 군 복무와 관련된 제도. 성 소수자의 미군 복무를 허용하기 위한 취지로 도입했으나, 커밍아웃한 성 소수자를 강제로 전역시키는 데도 쓰였다. 폐지된 후에는 공개적으로 커밍아웃한 성 소수자도 차별 없이 군에서 복무할 수 있게 되었다.—옮긴이 주)부터 다양한 형태의 계층적 비일부일처제(1순위 및 2순위 파트너가 있음), 평등주의 다자간 연애주의(동일한 계층의 다중 파트너가 있음. 예를 들어 삼자 구도 또는 가족 내에서 이러한 관계 형성), 솔로 폴리solo poly(한 명 이상의 파트너가 있는 독립적 개인)까지 공개적 또는 비공개적 비일부일처제의 다양한 양식과 범위를 인식할 필요가 있다.[38]

앞서 성적 끌림과 욕구에 대해 살펴보았듯이, 일부일처제 또한 독점적인 것부터 개방적인 것까지 연속선 위에 여러 정도가 존재한다. 어떤 사람들은 살아가면서 그 연속선 위를 이동해 다니고 다른 이들은 비교적 고정되어 있다고 보는 것이 더 유효할 수 있다.[39] 우리 자신은 연속선에서 어느 지점에 위치할지 생각해 보는 것도 도움이 될 수 있다. 관계를 맺는 방식이 옳음과 그름, 정상과 비정상처럼 이분법으로 나뉘는 것이 아니라 좀 더 다양하다고 본다면, 사람들이 자신에게 잘 맞는 접근 방식을 찾게 될 가능성이 더 높아진다.

또한 많은 공개 비일부일처제에서 우선순위에 두는 의사소통[40]은 모든 종류의 관계에 있는 사람들에게 도움이 될 수 있다. 일부일처 관계에 있는 사람들은 흔히 그들이 일부일처제가 무엇을 의미하는지에 대해 서로 같은 맥락에서 이해하고 있다고 생각하지만, 결국 다르다는 사실을 깨닫고, 이는 종종 위기를 초래할 수 있다.[41] 누군가는 포르노를 보거나 사이버 섹스가 괜찮다고 생각하는 반면 다른 누군가는 그러한 행위가 바람피우는 것이라고 생각할 수 있다. 혹은 과거의 연인과 헤어진 후 친구로 지낼 수 있느냐의 문제를 두고 의견 차이가 생기는 것은 매우 흔한 일이다. 이와 같은 서로 간의 약속이나 공개적으로 밝히는 문제에 있어 서로 터놓고 하는 대화는 모두에게 도움이 될 수 있다.[42]

이 분야에 대한 최근의 연구는 다양한 종류의 관계를 어떻게 설명할 수 있을지 심오한 질문을 던지면서, 공개적 비일부일처제에 대한 개념을 더 적극적으로 받아들이고 있다. 예를 들어, 많은 형태의 일부일처제와 비일부일처제에서 우정을 비롯한 다른 종류의 관계보다 로맨틱한 관계를 우선시한다. 어떤 이들은 2순위 파트너보다 1순위 파트너를, 성적인 관계보다 로맨틱한 관계를, 전통적인 형태의 다자간 연애주의보다 새로운 형태의 다자간 연애주의를 우선시하기도 한다. 관계 아나키즘relationship anarchy(사회적 규칙이나 범주에 구속되지 않는 관계를 형성하는 관습—옮긴이 주)은 이처럼 관계에 대해 이루어지는 다양한 가치 평가에 도전하며, 독립적 다자간 연애주의는 싱글돔(결혼하지 않거나 장기간 연애에 관여하지 않는 상태 혹은 사람—옮긴이 주)이 문화적으로 어떠한 오명을 쓰고 있는지에 대해 주요한 질문을 제기한다.[43]

학자들은 우리가 대인관계에서 어떤 식으로 사람들을 다르게 평가하느냐 하는 문제들을, 각자가 살아온 배경에 따라 다르게 가치를 매기는 더 광범위한 현안들에 연결 지어 생각하기 시작했다. 여기에는 이민자와 난민, 긴축 정책, 계급, 장애 및 인종 차별, 이슬람 증오, #BlackLivesMatter(흑인 목숨도 중요하다) 캠페인, 트랜스젠더와 성 노동자들 대우 문제,[44] 그리고 다른 종과 지구와의 관계 등의 문제들이 포함된다.[45]

섹스의 계층 구조를 넘어서

지금까지 다뤄 온 성도착자들에 대한 일반적인 논의 및 킨크와 비일부일처제에 대한 특별한 논의가 섹스의 계층 구조를 만들어 내는 전체 의제를 비판적인 시각으로 바라보는 데 도움이 되었기를 바란다. 우리는 이 책을 통해 사람들을 단순히 다수 혹은 소수의 섹슈얼리티, 제대로 기능하거나 기능하지 않는 성적 경험, 정상적이거나 비정삭적인 성적 욕구와 같이 구분할 수 없으며, 그렇게 구분하려는 시도가 열등한 부류에 속하게 되는 집단과 우월한 부류에 속하게 되는 집단 모두에게 나쁘다는 사실을 확인했다.

특권 계층

1980년대에 사회학자 게일 루빈Gayle Rubin은 심리학, 의학, 법학, 종교, 대중 매체 등에서 자주 회자되는 섹스 계층 구조를 설명하기 위해 다음의 그림을 제시했다.[46]

그림의 내부 원에는 루빈이 섹슈얼리티의 '특권 계층'이라고 칭하는 것이 있다. 사람들의 성적 관계 및 관행이 이

특권 계층:

바람직하고, 정상적이고, 자연스럽고,
축복받은 섹슈얼리티

이성애
기혼
일부일처제
출산
비상업적
한 쌍
연애 관계
같은 세대
사적인 공간
포르노가 아님
신체 부위만
전통적 체위

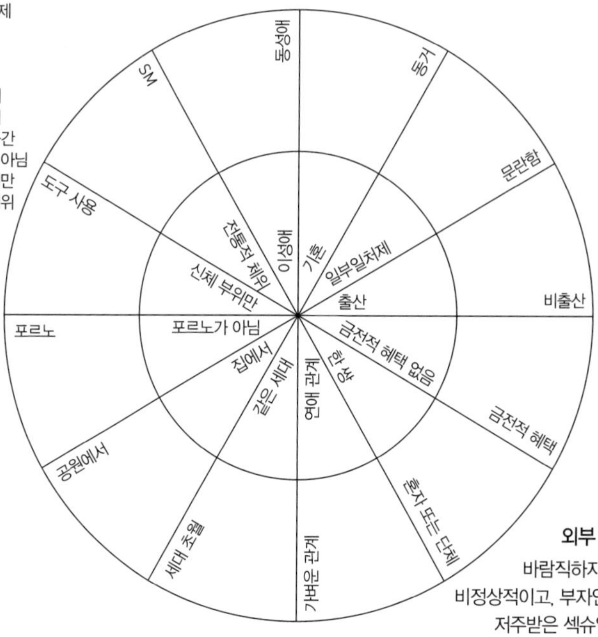

외부 경계:

바람직하지 않고,
비정상적이고, 부자연하고,
저주받은 섹슈얼리티

동성애
미혼
문란함
상업적
혼자 또는 단체
가벼운 관계
세대 초월
공공장소
포르노
도구 사용
사도마조히즘

그림 4.1 게일 루빈의 특권 계층

원 안에 들어갈수록 더 용인되고, 바람직하고, 정상적이며, 자연적인 섹슈얼리티로 간주된다. 그림의 외부 원에는 '외부 경계'에 있는 섹슈얼리티가 있다. 사람들의 성적 관계 및 행위가 이 원에 속할수록 더 용인되지 않고, 바람직하지 않고, 비정상적이며, 부자연스러운 섹슈얼리티로 간주된다. 이것은 정도의 문제이다. 진지한 관계를 맺지 않고 가볍게 섹스하며, 그 대가로 돈을 받고 직접 포르노 촬영도 하는 이성애자 여성의 경우를 생각해 보자. 또는 최근의 동성 결혼 논쟁을 떠올려 보자. 동성애자들은 이 두 가지 원에서 자신을 어떻게 표현했을까?

섹스의 계층 구조 개념은 용인되지 않는 섹스 범주에 들어갈 수 있다는 두려움과 연결된다. 루빈은 우리가 그것을 미끄럽고 위험한 경사로 보는 경향이 있다고 말한다. 특권계층 바깥쪽으로 약간 벗어나게 되면, 아예 그 밖으로 떨어져 나갈 수 있다고 생각한다는 것이다. 루빈은 우리가 밖으로 나가면 '두려운 섹스에 대한 장벽이 무너지고 말할 수 없는 무언가가 미끄러져 나올까 봐' 두려워한다고 말한다. 성도착증과 같은 범주의 목적 중 일부는 경계를 감시하는 것이지만, 이는 이동하는 문화적 모래 위에 세워진 성과 같아서 어렵다. 다음 장에서 확인하겠지만, '아주 만족스러운' 동시에 '정상적인' 섹스를 해야 한다는 압박이 심해지고 있다는 것은 많은 사람이 정상적이면서도 성적으로 흥분되는 섹스를 위해 줄타기를 하고 있음을 의미한다.[47]

이 장의 도입부에서 용인 가능하고 우려스럽지 않은 섹스와 용인할 수 없고 불가한 또는 우려되는 섹스 사이에 선을 긋는 과제에 대한 자신의 답을 다시 떠올려 보자. 그 답은 루빈이 제시하는 섹스의 계층 구조와 어느 정도로 연관이 있는가?

섹스 계층 구조와 선긋기에 대한 대안적 접근법에 대해 생각하기 전에, '자연적인' 섹스라는 개념을 자세히 들여다보기 위한 접점을 잠시 찾아보자. 루빈의 도표를 보면 이상적이거나 용인 가능한 형태의 섹스는 보통 자연적인 섹스와 결합한다는 사실을 알 수 있다.

자연적인 섹스란 무엇인가?

흔히 동물은 생식을 목적으로만—유전자를 물려주기 위해서—섹스를 하며 (우리가 인간의 성적 다양성에 대해 말하고 싶은 바가 무엇이든) '자연적인' 섹스는 남성과 여성의 음경-질 삽입 성교를 의미한다고 생각한다. 하지만 실제로는 그렇지 않다.

사실 섹스 행위는 최근의 현상이다. 암수의 구별이 있는 두 생식 세포가 결합하여 새로운 개체를 만드는 동물의 유성 생식sexual reproduction은 고작 3억 년 전에 시작되었다. 반면 무성 생식은 많은 동물과 식물에게서 여전히 일반적으로 일어난다. 이는 아마도 무성 생식이 유성 생식에 비해 소모되는 시간과 에너지가 훨씬 적고 짝을 찾지 못할 경우를 걱정하지 않아도 되기 때문일 것이다.[48] 유성 생식을 하는 많은 종—특히 물고기—은 살아가면서 성별을 바꾸기도 한다.[49]

또 다양한 종의 동물들을 살펴보면 섹스가 지니는 다른 의미들도 생식만큼이나 중요해 보인다. 섹스는 한 쌍의 동물 간에, 그리고 동물 무리에서의 유대감을 강화하는 역할을 할 수 있다.[50] 많은 동물들이 자위를 하고, 많은 암컷 동물이 임신 중에 섹스를 하거나 다양한 형태의 피임을 한다. 종을 초월한 섹스도 일어나는데, 이 경우에는 생식으로 이어질 가능성은 없다.[51] 전 세계 450종 이상의 동물들이 동성 섹스를 하는데, 주요 동물 집단에서 발생하는 모든 섹스의 종류 중 때로는 동성 섹스의 비율이 이성 섹스를 넘어서는 경우도 있다.[52] 또 절반 이상의 포유류와 조류가 양성애 활동을 한다.

일부일처제, 또는 평생 짝을 이루고 사는 동물의 종은 극히 드물기 때문에,[53] 비일부일처제가 일부일처제보다 더 자연적이라는 주장이 제기될 수도 있다. 이처럼 우리는 '자연적인' 섹스에 관한 주장들이 얼마나 비논리적인지 알 수 있다. 사람들은 정상적인 섹스에 대한 가정들을 옹호하기 위해 걸핏하면 자연을 끌어들이다가도, 이러한 것들이 자신의 가정을 뒷받침하지 않을 때에는 일언반구 없이 쉬쉬한다.

섹스 계층의 대안

게일 루빈과 체스 덴먼Chess Denman[54] 같은 저자들은 우리가 문화적으로 용인 가능한 정도에 근거하여 성적 행위를 정상적인 것과 비정상적인 것으로 나누려는 욕구에서 벗어날 수 있다면, 성적 행위들이 얼마나 큰 즐거움을 제공하고 얼마나 윤리적인지 등에 관해 훨씬 더 유용한 방식으로 설명할 가능성을 열 수 있을 것이라고 주장한다. 덴먼은 성도착 장애는 단지 사회적 '관습을 거스르는 것'인지 아니면 '강제적인 것'인지를 구별하기 위해 다시 논의되어야 한다고 제안한다. 그녀는 또한 후자의 경우에는 심리학이나 정신 의학보다 응용 범죄학criminal justice의 영역에서 더 적절하게 다뤄질 수 있을 것이라고 주장한다.[55] 이와 같은 견해에 대해서는 다음 장에서 다시 논의할 것이다.

루빈의 유해하지 않은 다양성benign variation 개념은 내가 이 책을 통해 시종일관 강조해 온 성적 다양성 접근 방식과도 관련이 있다. 당사자의 동의가 이루어진 상황이라면 모든 섹스와 섹슈얼리티를 동등하게 유효하고 용인 가능한 것으로 간주해야 한다는 것이다.[56] 루빈은 다음과 같이 지적한다.

> 대부분의 사람들은 자신이 성적으로 좋아하는 것이 무엇이든, 다른 누군가에게는 대단히 혐오감을 줄 수 있으며, 자신이 혐오를 느끼는 어떤 것이 누군가에게는, 또 어디에선가는 가장 소중한 기쁨으로 받아들여질 수 있다는

> 사실을 잘 이해하지 못한다.…… 대다수는 자신의 성적 취향이 다른 모두에게도 적용되거나 적용되어야 하는 보편적인 체제라고 착각한다.[57]

루빈의 주장에 대해서는 이 장의 결론 부분에서 다시 다룰 것이다. 지금은 우리가 여기서 사용해 온 성적 '합의'의 개념이 무엇을 의미하는지에 대해 좀 더 자세히 알아보자.

동의하에 하는 섹스인가?

합의하지 않은 섹스는 심각한 문제이다. 지난해 여성의 약 2.5%와 남성의 0.4%가 성폭력 사건에서 살아남았다고 밝혔다. 여성의 20%와 남성의 3%가 살아오면서 일정 형태의 성범죄를 겪었고 대부분의 경우 가해자는 아는 사람이었다. 성폭력 피해 비율은 특히 논바이너리인 사람들을 포함해 트랜스젠더들에게 높게 나타난다.[58] 심각한 성폭력 범죄의 생존자 중 약 15%만이 피해 사실을 신고했으며, 이 수치는 피해자들이 감당해야 할 낙인, 수치심, 이 분야에

대한 불신으로 인한 불안감이 얼마나 고조되어 있는지 보여 준다.[59]

그런데도 이와 같은 합의의 문제를 성교육이나 성 상담에서 어떤 식으로든 다루는 경우는 거의 없다. 사실 내가 섹스 조언서를 분석한 바에 따르면, 이 주제를 집중적으로 다룬 책의 평균 비율은 0%만 가까스로 넘긴 정도였다. 이에 관한 내용을 다룬 책의 경우에도 합의란 다른 섹스를 제외한 변태적 섹스를 하는 사람들에게만 해당하는 문제로 간주하고 있다. 섹스에 대한 합의가 소통이 필요한 중요한 이유나 우리 모두 의견을 나누고 이야기해야 할 주제로서 제시되는 경우는 단 한 번도 없었다.

상당히 많은 주류 조언들이 사람들—특히 여성들—은 원하지 않더라도 섹스를 해야 한다고 명확하게 제시한다. 그렇게 함으로써 파트너에게 바람직한 상대로 남는 동시에 '건강한' 관계를 유지할 수 있다는 것을 그 이유로 든다. 어느 책은 여성은 일반적으로 육체적인 자극을 느끼기 전까지는 섹스하지 않는 경향이 있다고 주장한다. 다른 책에 따르면 남성은 오르가슴의 순간에 자신이 원하는 것을 자유롭게 할 수 있고, 먼저 상의하지 않고 파트너를 압도해서

놀라게 해야 한다. 이것은 섹스가 필수적이라는 생각의 아주 어두운 면이다. 이와 같은 섹스의 필수성은 우리가 섹스를 원하거나 원하지 않는 상황에서 적응하는 능력에 지장을 주고, 합의되지 않은 섹스를 하게 될 수도 있음을 의미하기 때문이다.[60]

싫다고 말하기와 좋다고 말하기

동의에 대한 일반적인 이해는 한 사람이 상대의 접근을 거부하지 않거나 실제로 '싫다'고 말하지 않은 경우 합의에 의한 섹스라고 보는 것이다. 하지만 이 분야의 심리학 연구에 따르면 사람들은 일상의 관계에서, 또는 성적 상호 작용이 오가는 상황(술 한잔을 하자든가 섹스하자는 유혹을 받았을 때)에서 '싫다'라는 단어를 거의 사용하지 않는다. 대신 대부분의 사람들은 문화적 관례에 따라 상대의 유혹을 완곡하게 거절하기 위해 '오늘 밤은 바빠서요', '잘 모르겠네요', 또는 '다음에 기회가 되면'과 같은 표현을 쓴다. 사람들은 일반적으로 이런 종류의 반응이 실제로는 '싫다'라는 말을 직접 하지 않으면서 상대의 제안을 거절하고 있다는 것을

명확하게 이해한다.[61]

동의 여부를 밝힐 때 '싫다고 말하기' 접근법은 '동의서를 치워 버리기 전까지는 동의하는 것'이라고 가정하기 때문에 비판받아 왔다. 이는 또한 성적으로 접근하는 사람보다 접근당하는 사람에게 더 초점을 두고, 성폭행에 대한 책임을 가해자가 아닌 피해자의 행동(어떤 옷을 입었는지, 술을 마시고 있었는지 등)에 전가하는 문화 성향을 강화한다.

'좋다고 말해야 좋은 것yes means yes' 또는 '적극적 동의 표시enthusiastic consent'가 있을 때에만 합법적인 섹스로 인정하는 모델이 하나의 대안이다. 즉, '싫다고 말하지는 않았다'고 해서 동의한 것으로 간주해서는 안 된다. 상대방이 두 사람 사이의 성적 활동을 적극적으로 즐기고 있는지 여부와, '정보에 입각한 동의'에 의해 서로가 실제로 무엇을 하는지를 정확히 인지했는지 여부를 확실히 할 책임이 있다.[62] 이와 같은 모델은 특히 문화, 계층, 신경학적 다양성neurodiversity(심신이 쇠약해지지 않게 하려는 인류의 다양한 신경학적 행동이나 능력—옮긴이 주) 등의 측면에서 생기는 사람들 간의 차이로 인해 상대의 거절 의사를 읽어 내는 데 어려움을 겪는 경우에도 도움이 될 수 있다. 한편 이 모델은 모든 합의에 의한 섹스가 관련 당사자 모두에게 즐거운 일이어야 한다는 것을 전제로 하고 있다는 이유로 비판받을 수 있다. 예를 들어, 일부 무성애자 및 성 노동자는 섹스를 특별히 원하거나 즐기지 않지만 섹스하는 것에 동의한다.

지속적인 의사소통을 통한 동의

또 행위 도중에 감정이 바뀔 수 있음을 고려할 때, 섹스 전에 나눈 일회성 대화를 근거로 성적 동의가 성립될 수 있는지 의문을 제기할 수 있다. 따라서 성적 동의는 섹스에 대한 의사를 전달하는 더 적극적이고 지속적인 의사소통의 과정이 되어야 한다. 이런 과정은 한 사람은 능동적으로 섹스를 제안하고 다른 한 사람은 수동적으로 그 제안을 받아들이거나 거절해야 한다고 가정하는 역학 관계에서 벗어나게 한다.

일부에서는 지속적인 의사소통 동의 모델이 일반적인 섹스 진행 방식을 제대로 이해하지 못한다고 비판한다. 이런 주장을 하는 사람들은 이 모델에 따르면 매번 신체 접촉을 할 때마다 허락을 받아야 할 수도 있다고 말하며 비웃는다. 하지만 의사소통 동의 모델은 분명 언어적 형태가 아닌 더 일반적인 형태의 성적 의사소통 또한 포함할 수 있다. 멜라니 베레스Melanie Beres 박사는 상대의 셔츠 단추를 푸는 상황을 예로 든다. 만약 셔츠의 나머지 단추를 다 풀게 둔다면, 그것은 명백한 동의다. 하지만 일단 풀었던 단추를 다시 채우거나 옷깃을 여민다면, 동의가 아니다.[63]

그러나 3장에서 간단하게 언급했던 섹스에 관한 의사소통 부족에 대한 연구 결과를 볼 때, 더 소통적인 동의 모델을 구축하기까지는 갈 길이 멀다.

동의의 문화

앞서 다뤘듯이 킨크 또는 BDSM이 학대적이고 위험하다는 오명 때문에, 킨크 커뮤니티는 수년간 피나는 노력을 기울여 그들의 성적 행위가 항상 '안전하고, 건전하며, 합의에 따른' 것이라고 주장해 왔다. 유감스럽게도 이러한 오명 씌우기는 모든 커뮤니티에 존재하는 합의되지 않고 폭력적인 역학 관계를 지하로 몰아가는 부작용이 있었다. 동의 문화 운동consent culture movement은 BDSM 블로고스피어

blogosphere에서 활동하는 사람들이 이 문제에 대해 더 열린 논의를 하고, 합의되지 않고 가학적인 섹스를 막기 위해 취할 수 있는 조치에 대해 고민하면서 생겨났다.[64]

많은 동의 문화 관련 책의 저자들은 우리의 일상적인 관계에서 무력, 통제, 압력, 설득, 조종과 같은 시도가 얼마나 흔하게 일어나는지 지적한다. 예를 들자면 사교 행사에 참석하라고 누군가를 설득하려는 시도나 남성이 지나가는 여성에게 말을 걸어 원치 않는 대화에 끌어들이고자 하는 길거리 성희롱 등이 있다. 이런 책의 저자들은 사람들이 성적인 맥락을 제외한 나머지 관계 내에서조차 비합의적 관행을 지속한다면, 섹스에 동의하는지 의사를 표현하는 게 가능할지 의문을 제기한다. 예를 들어 영화 '그레이의 50가지 그림자'에서 남자 주인공 크리스찬 그레이는 여자 주인공 아나스타샤에게 선물을 사주고, 휴가를 따라가고, 그녀의 일에도 개입하지만, 아나스타샤는 단 한 번도 명확하게 '싫다'고 의사를 표시하지 않는다. 또한 (여러 로맨틱한 소설이나 영화에서 볼 수 있듯이) 두 등장인물은 계속해서 서로를 압박하거나 설득하거나 자신이 원하는 모습으로 만들려고 시도한다. 이에 대해 블로거 퍼보크라시The Pervocracy

는 다음과 같이 이야기한 바 있다. "우리가 '누군가를 강제로 성적 활동에 끌어들이는 것은 옳지 않다'고 선을 긋는데 어려움을 겪는 이유 중 일부는 우리 문화의 한 부분 때문이다. 여러 가지로 타인에게 무언가를 하도록 강요하는 것이 일반적이다. 그런 것은 이제 다 집어치우라. 누군가 파티에 가고 싶지 않다면, 새로운 음식을 시도하거나 일어나서 춤을 추거나 점심 식사 자리에서 잡담하는 일을 하고 싶지 않다면, 하지 않는 것 또한 그들의 권리이다. '에이, 그러지 말고'라든지 '이번 한 번만' 같은 말로 장난스럽게 하는 강요는 이제 그만두라. 싫다는 말은 싫다는 뜻no means no임을—항상—받아들여라."[65]

이는 우리가 3장에서 다룬 정상으로 여겨지는 이성애 표본에 대해 주의를 환기한 페미니즘 심리학 연구와 관련이 있다. 니콜라 가비Nicola Gavey는 남성은 자연적인 성적 욕구가 있으며 섹스가 필요한 한편, 여성은 적극적으로 섹스를 원하는 존재가 아니라는 가정이 전제된 권력 관계에서 동의 여부에 대한 의사 표시가 얼마나 어려울 수 있는지 지적했다.[66]

동의 문화 운동에 관여하는 저자들은 섹스를 둘러싼 문

화적 압력과 두 명 혹은 그 이상의 개인들 사이에 형성되는 권력 관계를 인식할 필요가 있다는 데 동의한다.[67] 또 이러한 인식은 교차할 필요도 있다. 나이, 젠더, 섹슈얼리티, 인종, 국적, 사회적 지위, 사회적 계층 등을 비롯한 여러 가지 차이가 섹스 문제를 상대에게 '싫다' 또는 '좋다'고 말하는 것이 가능한지에 영향을 미치기 때문이다. 활동가 페퍼민트Pepper Mint가 지적했듯이, 비합의적 권력 관계 또한 학교와 직장을 비롯한 광범위한 곳에서 너무 흔하게 나타난다. 민트의 말처럼 "우리는 사실상 합의되지 않는 권력 관계라는 수프 속을 헤엄치고 있다. 여기서 개인이 취할 수 있는 전략은 보통 자신이 선택할 수 있는 옵션이 무엇인가에 의해 형성된다. 그리고 이러한 선택은 약간 바람직하지 않은 것부터 완전히 끔찍한 것을 포함한다."[68]

공개적 비일부일처 커뮤니티에 대한 연구와 같은 종류의 연구는 킨크스터들이 자신의 공동체 내에 존재하는 특권과 억압의 역학 관계와 이것이 어떤 영향을 끼치는지에 대해 다루도록 촉구한다.[69] 어떤 경우에는 이러한 문제들에 대한 인식을 고취하기 위해 적극적으로 그들의 성적 관행을 이용하기도 한다.[70]

이러한 생각들을 바탕으로 우리는 우리 문화 전반에 걸쳐 동의에 대한 시각을 다음과 같이 바꾸려고 노력할 수 있다.

- 원하지 않는 것을 하지 않기보다는 사람들이 적극적으로 원하는 것 중에 공통분모를 찾는 것
- 언어 및 비언어적 의사소통의 지속적인 형태
- 섹스와 성적 관계뿐만 아니라 관계 전체와 모든 종류의 관계에 적용되는 것
- 사람들 사이에서 항상 작용하고 사람들이 자유롭게 동의하는 것을 어렵게 만드는 힘의 역학 관계를 인식하고 해결하는 것

이 장에서 기억해야 할 것들

이 장을 통해 개인의 성적 욕구, 성적 정체성, 성적 관계, 성적 행위에 근거하여 사람들을 정상적인 것과 비정상적인 것—또는 자연적인 것과 자연적이지 않은 것, 용인 가능한

것과 용인 불가한 것—으로 나누려는 섹스의 모든 모델에 대해 비판적으로 생각하는 계기가 마련되었기를 바란다. 우리가 성적 다양성이나 유해하지 않은 다양성의 모델을 받아들인다면, 각 개인이 어떤 것이 성적으로 유효하게 작용하는지를 탐구하는 데 더 많은 에너지를 투입할 수 있을 것이다. 이것이 얼마나 복잡한 사안인지를 고려할 때, 사람들의 섹스가 합의에 의해 윤리적으로 행해질 수 있도록 보장하는 방법에 대해 연구해 볼 수 있을 것이다.

지금까지 이 책에서 다룬 내용을 바탕으로 루빈의 원래 그림을 뒤집어 보면 어떨지 생각해 보았다. 유해하지 않은 다양성과 성적 윤리(동의 여부 포함)를 중앙에 배치하고 섹스를 고정되고 계층적인 것으로 이해하는 항목은 외부 경계로 밀어내는 것이다. 섹스의 심리학에서 현재 진행 중인 주요한 논의에 대해 살펴보기 전에, 다음에 제시한 반전된 그림이 기존의 기능적 섹스와 비기능적 섹스, 정상적 섹스와 비정상적 섹스라는 이분법에 대한 대안으로 어떠할지 생각해 보자.

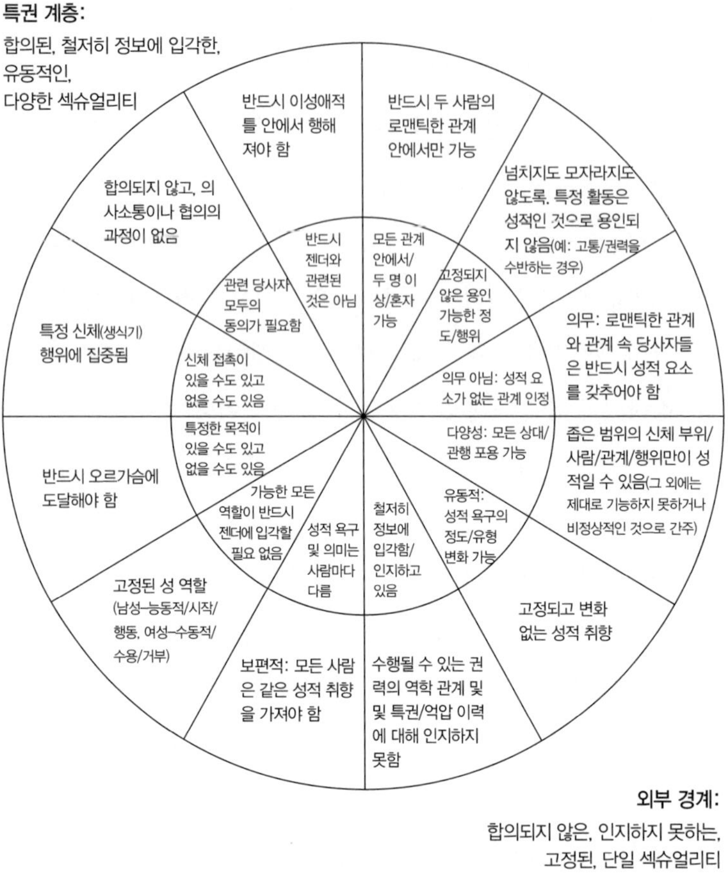

그림 4.2 수정된 루빈의 도표

05
성애화!

책을 여기까지 읽었다면 현재의 문화가 섹슈얼리티, 섹스, 성적, 무성애적 행위와 관계들의 계층 구조를 바라보는 방식을 이해하게 되었기를 바란다. 또 심리학이 섹스와 섹슈얼리티에 대한 일반적 견해들을 구축하고 반박하는 방식들에 대해서도 인지하고 있어야 한다. 지금껏 살펴본 내용을 통해, 심리학적 지식은 그것을 만들어 내고 제시하는 심리학자의 문화적, 개인적 가정에서 결코 자유로울 수 없음을 알게 되었을 것이다. 물론 내가 이 책에서 제시하고 있는 지식도 마찬가지다.

마지막 장에서는 섹스와 섹슈얼리티를 둘러싼 현재의 주요 논쟁 중 우리가 아직 다루지 않은 부분에 대해 살펴볼 것이다. 간단히 말하면, 이러한 논쟁은 '성애화'의 범주와 관련이 있다. 이는 우리 문화에 성이 만연해졌고 이것이 사람들에게 악영항을 주었다는 최근의 공포를 가리킨다.

성애화는 정권이 바뀔 때마다 정부의 관심사였으며, 이것이 특히 젊은 세대와 여성에게 미칠 수 있는 해로운 영향에 대한 증거를 검토하려는 여러 번의 시도가 있었다.[1] 이 장에서는 성애화와 관련된 몇 가지 이슈를 분석한 뒤, 포르노와 섹스 중독을 둘러싼 문제를 집중적으로 다룰 것이다. 이 두 가지 모두 심리학의 주요 주제이다. 그다음으로는 성적 환상에 대해 살펴볼 것이다. 성적 환상은 포르노와 섹스 중독의 바탕이 되는 핵심 요소이지만 깊이 있게 다루어진 적이 거의 없다. 마지막으로, 이 책을 시작했던 지점으로 돌아가 우리의 성 정체성(또는 성적 자기)이 현재 우리가 속한 광범위한 문화 안에서 어떻게 발달하는지 생각해 볼 것이다.

이 장에서 이와 같은 논쟁을 비판적으로 생각하는 데 도움이 되는 한 가지 방법을 소개하고 싶다. 일반적으로 사람들은 주류 미디어, 심지어는 학술 대회 등에서 성애화, 포르노그래피, 또는 섹스 중독과 같은 문제에 대해 논의할 때 '찬성' 또는 '반대'로 양분화된다. 논쟁을 이끄는 근본적인 질문은 논의의 대상이 좋은 것인지 나쁜 것이지, 인간에게 도움이 되는지 해가 되는지, 또는 섹스 중독이라는 문제의 경우처럼 그것이 존재하기는 하는 것인지 등이다. 이러한 문제들을 논의하며 이분법이 아닌 방식으로 사고하거나 대화하기란 쉽지 않다. 이분법적 방식이 우리 문화에 너무 깊숙이 뿌리 박혀 있기 때문이다.

그러나 이는 문제를 다루는 데 있어 위험한 방식이다. 심리학자들의 입장에 근거해 사람들을 '우리'와 '그들'로 나누게 될 뿐 아니라 여러 가지 혼란스러운 생각으로 이어질 수 있기 때문이다. 물론 여기서 '우리'는 이 주제에 대해 객관적 지식을 가진 계몽적이고 합리적인 사람들이고, '그들'은 사이비 과학과 의견에 기초하여 자신의 의견을 세우는 비합리적이고 편향적인 사람들이다. 이러한 양분화는 사람들 사이에 생기는 갈등의 상당 부분을 차지하는 주요 요소이다.[2] 우리가 열린 마음으로 타인의 목소리에 귀를 기울이고, 잠재적으로 더 복합적이고 미묘한 차원에서 이

해하고, 우리가 직면한 문제들에 관여할 현명한 방법을 찾는 것을 방해한다.[3]

이 장을 통해 나는 계속해서 다음과 같은 질문들을 던질 것이다. 이 질문들이 다른 주제와 논의에 적용할 때에도 도움이 되기를 바란다.

1. 우리는 지금 무엇에 대해 논의하고 있는가? 그것은 어떻게 정의되는가? 논의하려는 대상은 한 가지인가 아니면 여러 가지인가? 여러 가지라면, 개별적으로 나눈 뒤 각 요소를 따로 다루어야 한다.
2. 우리가 논의하는 대상은 어떤 가능성을 열어 주고, 어떤 가능성을 차단해 버리는가? 이는 '좋은가, 나쁜가?'보다 더 유용한 질문이다. 대부분은 잠재적으로 좋은 점과 나쁜 점을 동시에 지닐 수 있기 때문이다. 이는 또한 우려하는 일이 가져올 수 있는 영향들에 우리가 계속 초점을 맞출 수 있게 해준다.
3. 1번과 2번에 대한 답을 고려했을 때, 어떻게 하면 창의적으로 논의 대상에 접근할 수 있을까? 다시 말해, 완전히 수용하거나(좋다고 여겨질 경우) 제거하는 것(나쁘다고

여겨질 경우)이 아닌 다른 대안을 찾아내는 것이다.

지금까지 이 책에서 논의했던 주제를 되돌아보았을 때, 내가 섹스 조언, BDSM 같은 성적 행위, 동의 등을 다룬 방식과 이 질문들 사이에 유사점이 있음을 알아차렸으면 좋겠다. 이 장에서 섹스 중독을 다루는 동안 이와 같은 접근 방식을 통해 성적 문제가 있는 사람들을 진단하는 문제에 대해서도 다시 살펴볼 것이다. 또한 영화 '그레이의 50가지 그림자'는 페미니즘적인가 반페미니즘적인가?,[4] 인터넷은 관계에 있어서 좋은가 나쁜가?,[5] 일부일처제는 자연적인가 부자연스러운가?[6]와 같은 기자들의 이분법적 질문들 역시 이러한 접근법을 적용해 본다면 매우 도움이 될 것이라고 생각한다.

문화의 성애화[7]

성애화 전반에 대한 주제를 시작으로 언론, 정부 정책, 다수의 인기 서적 등에서 성애화에 대한 논쟁이 벌어졌다.[8]

논쟁의 한편에서는 우리 사회에 성이 과도하게 만연해졌다고 주장한다. 어디를 가든 성적 메시지들이 흘러넘친다. 남자아이들은 어릴 때부터 높은 수위의 온라인 포르노를 접하는데, 이러한 포르노는 뇌를 망가뜨리고 사람들을 성범죄자로 만든다. 여자아이들은 유아기가 끝나기도 전에 성적 특성을 드러내며 유아용 하이힐을 신고 '플레이보이' 로고가 그려진 티셔츠를 입고 바비나 브라츠 인형을 가지고 논다. 10대가 되면 섹시함을 가장 중요한 가치로 내세우는 잡지 및 뮤직비디오가 던지는 메시지를 받아들이고, 스스로 섭식 장애, 성병, 10대 임신, 성폭행 등의 모든 위험에 노출시킨다.

논쟁의 다른 편에서는 선택과 재미, 권력을 강조한다. 이들의 주장에 따르면 우리는 모두 자신이 되고 싶은 대상을 선택할 수 있는 남녀평등 시대에 살고 있다. 여성이 여가 활동으로 폴 댄스를 추고, 섹시하게 차려입어서 권력이 있는 것처럼 느끼기를 원한다면 충분히 그럴 수 있다. 이들은 또한 성애화에 대한 우려는 도덕적 공포라고 주장한다. 사람들이 약 10년마다 들고 일어나는 종류의 현상이라는 것이다. 과거 1950년대와 1960년대에도 미니스커트와 로

큰롤에 대해 같은 방식으로 공포를 드러내지 않았는가?

어떤 형태가 되었든 이와 같은 논쟁을 들어본 적이 있는지 생각해 보자. 지금까지 이러한 문제에 어떤 입장을 취해 왔는가? 다음 내용으로 넘어가기 전에 이 장의 도입부에서 제시한 세 가지 질문으로 돌아가 곰곰이 생각해 본다면 도움이 될 것이다.

성애화란 무엇인가

이 논쟁의 개요에서 독자들이 다음의 사실을 볼 수 있으면 좋겠다. 이 문제의 일부는 사람들이 포괄적 용어인 '성애화'를 사용해 서로 다른 여러 가지를 지칭하는 데에서 기인한다. 이러한 것은 여러 종류의 미디어와 관행—뮤직비디오, 청년 잡지, 장난감, 의류, 포르노, 섹스팅sexting(성적으로 문란한 내용의 문자메시지나 사진을 휴대폰으로 전송하는 행위—옮긴이 주) 및 그로 인해 발생할 수 있는 다양한 결과—젠더 폭행, 성병 전염, 성적 괴롭힘, 성 역할, 아동 성적 학대와 관련이 있다.

로비 더친스키Robbie Duschinsky와 내가 이 분야에 대한 정부 보고서를 분석하면서, 다음 네 가지에 해당하는 미디어 콘텐츠와 관행들을 가리켜 '성애화'라는 용어를 사용한다는 사실을 발견했다.[9]

1. 성적으로 선정적인 경우
2. 성차별주의적이고 여성을 단지 성적으로만 대하거나 성적 대상으로 대하는 경우
3. 아이들이 자신을 성인이나 성적 존재로 생각하게 만들거나, 아이들을 그러한 대상으로 여기도록 사람들을 유도하는 경우
4. 일탈 행동을 미화하거나 정상화하는 경우

위의 네 가지 측면이 결합하면 논쟁이 어려워진다. 그중 한 가지에만 동의하지 않는 경우에도 전체에 동의하지 않는 것처럼 여겨질 수 있기 때문이다.

예를 들어, 여자아이들이 어린 나이부터 자신이 가지고 있는 정체성의 중요한 부분으로 남자아이들에게 섹스어필하려 하고, 바람직한 외모에 대한 매우 제한적인 이상을 갖게 되는 현상을 우려하는 어떤 사람이 있다고 해 보자. 이

사람은 '일탈 행동'을 묘사한 콘텐츠를 검열하려는 시도에 대해서는 진심으로 반발할 수 있다. 우리도 알다시피 섹스의 계층 구조(4장 참조)가 미치는 영향이나 언론의 자유와 관련한 문제가 있기 때문이다. 성애화를 찬성하거나 반대해야 하는 것으로 제시하면, 자신의 입장을 고수하고 분명히 설명하기가 어려워진다. 그러나 현실에서는 성애화의 네 가지 측면 모두를 우려하거나 이 모두를 거부하는 것이 상식인 것처럼 제시된다.

따라서 우리가 성애화를 이야기할 때에는 우리가 성애화의 어떤 측면을 말하는 것인지, 우려하는 잠재적인 결과가 무엇인지를 구체적으로 정의하는 것이 도움된다. 이를테면 '성애화가 우리 사회에 해를 끼치는가?'보다 더 유용한 질문은 '아이들이 성적인 온라인 콘텐츠를 시청한다면, 그것이 아이들에게 어떤 영향을 미칠 것인가?', '남성 잡지가 여성을 성적으로 대상화하는가? 만약 그렇다면, 이것이 젠더와 섹스에 대한 독자의 태도와 행동에 영향을 미치는가?'와 같은 질문일 것이다.

성애화는 어떤 가능성을 열어 주는가

일단 논의의 대상을 구체적으로 정한 뒤, 그것이 어떤 가능성을 열거나 차단하는지 각 사례를 살펴본다. 아이들이 성적 콘텐츠를 보거나 남성들이 청년 잡지를 읽는 것이 좋은지 나쁜지 양자택일 방식으로 가정하는 대신, 그 문제들이 어떤 면에서는 긍정적이고 다른 면에서는 부정적일 가능성을 고려할 수 있다. 또 우리가 사는 복잡한 세계에 존재하는 피할 수 없는 긴장과 모순을 인정할 수 있다.

무엇보다도 우리는 미디어가 사람마다 각자 다른 방식으로 영향을 미친다는 사실을 알고 있다. 그렇지 않았다면 우리는 모두 같은 영화, TV 프로그램, 그리고 음악을 좋아하고 싫어했을 것이다.[10] 따라서 우리는 어떤 특정 미디어의 '효과'에 대해 일반화할 수 없다. 오히려 같은 내용을 두고 어떤 시청자는 비판 없이 받아들이고 또 다른 시청자는 비교적 중립적인 태도를 보이고, 어떤 시청자는 그 메시지에 반대할 수도 있다는 사실을 인지하고, 다양한 시청자가 이러한 콘텐츠를 각자 어떻게 이해하는지를 탐구해야 한다. 예를 들어, 클레어 베일Clare Bale은 아이들이 조롱과 비판적 분석을 포함한 다양한 방식으로 성적 온라인 콘텐츠를 이해하는 것에 대해 연구해 왔다.[11] 데이비드 건틀레트 David Gauntlett는 청년 잡지가 문제가 될 수 있는 형태의 남성성을 고착화하는 동시에 남성이 더 많은 감정 표현이나 지지를 얻을 가능성을 열어 주는 것에 대해 조사했다.[12]

우리 생각의 상당 부분은 주변 세계에 의해 형성되기 때문에 현재 수준의 성적 이미지가 우리에게 아무런 영향을 남기지 않았을 가능성은 없어 보인다. 그러나 동시에 우리는 이러한 이미지를 자신의 경험과 역사를 통해 자신만의 방식으로 여과하기 때문에 같은 메시지가 모두에게 똑같은 영향을 미치지는 않는다. 따라서 이러한 종류의 논쟁에 대해 자신의 경험과 의제를 되돌아보는 것도 우리에게 도움이 된다. 우리는 이러한 논의에 어떻게 기여할 수 있을까? 포르노 시청자, 부모, 현재 섹시하다고 칭해지는 이상에 부합하는 사람과 그렇지 못한 사람, 각자의 입장에 따라 논쟁에 접근하는 방식이 달라진다는 사실을 인정하게 될 것이다. 또한 논쟁에 참여하는 사람들 모두가 비슷하게 이러한 논쟁에 대해 깊은 개인적 신념을 지니고 있음을 인지하게 될 것이다.

성애화에 대한 좀 더 창의적 개입

일단 성애화의 각 측면들이 어떠한 면에서 긍정적이고 부정적인지를 잘 이해하게 되면, 좀 더 나은 위치에서 창의적으로 이 문제에 개입할 수 있다. 어떤 특정한 형태의 미디어가 젊은 세대에게 해로운 영향을 끼치지만, 다수의 젊은 사람이 이 미디어를 좋아한다는 사실을 알게 되었다고 가정해 보자. 이 정보로 인해 우리는 좀 더 주의 깊게 생각하고, 사람들이 여기서 얻는 것은 무엇인지, 다른 메시지가 담긴 미디어를 해로운 미디어만큼이나 흥미롭게 만들 수는 없는지, 젊은 사람들 스스로 더 비판적으로 접근하게 만들 수는 없는지를 고려하게 될 것이다.

이처럼 의식적인 성찰은 현재의 우려와 논쟁이 무엇을 보여 주고 무엇을 가리고 있는지, 무엇을 포함하고 무엇을 제외하는지 대해 중요한 질문을 던지도록 도와줄 것이다.

예를 들어, 로비와 내가 함께 작성한 연구 보고서에서 어린 시절의 성애화와 관련해 부모들을 인터뷰했다. 이 부모들은 성적인 장난감과 옷이 자녀에게 미치는 영향만큼이나 젠더 고정 관념이 드러나는 장난감과 옷이 자녀에게 미치는 영향에 대해서도 동일하게 우려했다. 하지만 보고서에서는 전자가 중대한 영향을 미칠 수 있는 커다란 걱정거리인 반면, 후자는 어쩔 수 없는 것 정도로 치부되었다. 또한 젠더에 따른 선호도는 정상적이고 건강한 정체성 발달의 자연스러운 부분으로 제시되었다.

다시 한번 말하지만, 이것은 정책 문서의 한 예이고—사람들이 활용하게 될 심리학 자료이며—특정 현실을 구성하게 될 것이다. 증거에 대한 여러 해석들은 젠더 고정관념이 최소한 성애화만큼이나 모든 젠더의 아이들에게 해롭다는 사실을 시사한다.[13]

성애화에 관한 보도와 논쟁에서는 종종 어린 시절의 순수함이 미디어와 제품에 의해 더럽혀질 수 있다고 문화적으로 가정한다. 이러한 가정은 어린 시절의 성이 부정되거나 반드시 문제가 있음을 의미할 수 있기 때문에 그 자체로 문제가 된다. 또한 유년 시절부터 성년이 되기까지 '적절한'—주로 이성애자 백인 중산층—궤도를 따르지 않는 아이들은 낙인이 찍히거나 악마 취급을 받는다.[14]

아이러니하게도, 섹스와 어린 시절에 대한 문화적 우려는 우리가 아이들에게 섹스에 대해 말하는 것에 대해 너무 불안한 마음을 갖게 하기 때문에 되려 성교육의 수준을 더 낮출 수 있다. 이는 흔히 젊은 세대가 스스로 섹스에 대한 정보를 얻기 위해 성적 미디어를 더 찾게 된다는 의미이다.[15] 제대로 된 정보가 부족한 상황에서 청년들은 성적으로 학대받거나 강요당하는 경우에도 이를 인식하지 못하는 위험에 더 크게 노출될 수 있다. 또 아이들의 성적 행동에 너무 많이 집중하다 보면, 많은 청년의 인생에서 큰 부분을 차지하며 매우 파괴적인 영향을 끼칠 수 있는 다른 형태의 괴롭힘, 폭력, 학대 등의 문제에 관심을 덜 기울이게 될 수 있다.[16]

우리는 여기서 성애화가 담고 있는 여러 가지 의미와 이에 대해 심리학적 연구 및 이론에서 무엇을 말하고자 하는지에 관해 피상적으로만 살펴보았다. 이 논쟁에서 다양한 입장을 가진 이들이 작성한 성애화의 네 가지 측면에 대한 더 자세한 정보를 알고 싶다면 성애화 연구 보고서를 온라인에서 찾아 참조해 보길 바란다.[17]

포르노 공포

성애화 논쟁에서 한 가지 구체적인 우려는 포르노그래피가 미치는 영향이었다. 이야기를 본격적으로 이어가기 전에, 포르노에 대한 자신의 입장이 어떠한지 한번 생각해 보자. 자신과 관련이 있는 주제인가? 전반적으로 포르노에 대해 어떤 관점을 갖고 있으며, 다양한 형태의 성적 미디어에 대해서는 어떻게 생각하는가? 이 장의 도입부에서 소개된 포르노에 관한 세 가지 질문을 다시 성찰해 보는 것도 좋은 방법이 될 수 있다.

주류 심리학은 수년간 포르노그래피의 영향에 대해 연구해 왔다.[18] 하지만 그러한 연구는 보통 방법론적 문제에 부딪히게 된다. 포르노를 읽거나 보는 행위가 어떤 영향을 미치는지 밝히기 위해 실시할 수 있는 완벽한 연구는 없다. 일부 심리학자들은 실험실에서 학생들에게 포르노를 보여준 후에 해당 학생들이 특정 대상에게 더 많은 전기 충격을 가하는지, 또는 성차별주의적 태도를 측정하는 척도에 점수를 다르게 매기는지 연구했다. 그러나 이와 같은 연구 결과가 실제 상황에서 다른 부류의 사람들에게도 적용될 수 있는지에 대한 문제가 있다. 예를 들어 어떤 연구자들은 포르노 이용률이 더 높은 나라들에서 성범죄 발생률 또한 더 높은지 여부를 조사했다. 하지만 그 결과가 그러하다고 나왔더라도 포르노가 폭력을 유발한 것인지, 폭력적인 사람들이 포르노를 더 많이 구입한 것인지, 또는 그 외 다른 측면(남성성에 대한 더 넓은 문화적 규범)[19]이 포르노에 대한 관심과 성폭력 비율 증가에 책임이 있는지는 확신할 수 없다. 이는 전형적인 '상관관계와 인과 관계가 일치하지 않은' 문제이다.[20] 또 다른 심리학자들은 성범죄자들에게 포르노 이용에 대해 질문했지만, 범죄자들이 솔직한 대답을 하지 않을 수도 있으므로 (반복하자면) 포르노를 본 사람들이 성폭력에 대한 취향 때문에 범죄를 저지른 것인지, 아니면 포르노가 그 원인이었던 것인지는 단정할 수 없다.

심리학자들이 이 모든 종류의 연구에서 도출한 결과를 재검토해 보면, 일관성 없는 결과가 나온다. 일부 실험실 실험에서는 폭력적인 포르노가 여성에 대한 남성의 태도나 공격성에 영향을 미치는 것으로 나타나지만, 다른 형태의 포르노는 아무런 영향을 주지 않거나, 심지어 정반대의 경우도 있다.[21] 포르노를 구하기 좀 더 쉬워진 나라들에서 일반적으로 성범죄 증가 현상은 나타나지 않는다.[22] 성범죄자들은 다른 종류의 범죄자들에 비해 포르노에 대한 노출이 더 적었으며, 노출 시기도 더 늦었다.[23]

포르노란 무엇인가

성애화 논의와 마찬가지로 포르노의 의미를 정의하는 일부터 시작하는 것이 중요하다.[24] 먼저 심리학자들마다 포르노를 규정하는 범위가 다르다. 또 포르노의 영향을 각기 다른 집단을 대상으로, 서로 다른 맥락에서 연구한다는 사실을 고려하면, 연구 결과들에서 발견할 수 있는 일부 모순들은 설명 가능하다.

영국의 포르노에 대한 법적 정의는 '오직 또는 주로 성적 흥분을 목적으로 제작된' 자료들이다.[25] 분명 이 정의에 따르면 잡지의 사진 촬영에서부터 영화 '그레이의 50가지 그림자', 주류 포르노 영상, 폭력적인 성적 이미지, 섹스팅,[26] 페미니즘 포르노 비디오[27] 등 방대한 양의 다양한 자료가 포함된다. 이와 관련해 에로티카erotica로 불리는 성애물과 포르노의 경계는 흔히 정의를 내리는 사람의 취향에 상당 부분 의존하게 되어 있다고 말한다.[28] 우리가 폭력적이거나 극단적인 포르노에 초점을 맞춘다고 해도,[29] 이를 분명하게 정의하는 것은 매우 어렵다. 예를 들어 침을 놓는 것과 흡사한, 합의에 의한 BDSM 행위에 대한 이미지들은 현재의 정의대로라면 포르노에 포함될 수 있지만(4장 참조), '쏘우'나 '호스텔' 같은 '고문 포르노' 영화는 성적 흥분을 유발하기 위한 목적이 뚜렷하게 드러나지 않는 주류 영화이기에 포르노에 해당되지 않는다.

변호사 마일스 잭맨Myles Jackman[30]이 지적하듯이, 포르노로 의도되지 않았던 것이 맥락을 통해 포르노가 되거나(예: 영화 '카지노 로얄Casino Royale'의 고문 장면이 다른 영화에 나오는 다른 유사 장면과 함께 편집된 경우), 애초에 포르노였던 것이 그렇지 않은 것으로 바뀔 수도 있다(예: 성적 흥분보다는 충격 또는 유머를 위해 유포되면서 유행하는 포르노 영화 장면).[31]

포르노는 어떤 가능성을 열어 주는가

포르노의 종류가 다양한 것만큼이나, 사람들은 흔히 다양한 이유로 포르노를 접한다.[32] 포르노가 사람들에게 주는 의미와 사람들이 포르노를 접하는 방식은 그들이 포르노를 긍정적이거나 부정적인 또는 중립적인 것으로 여기는지, 아니면 셋 다라고 생각하는지를 결정하는 데 매우 중요한 역할을 할 것이다.

성애화와 마찬가지로 포르노 역시 보다 집중적이고 미묘한 차이를 고려한 연구가 필요하다. 예를 들어, 온라인 포르노 이용자들은 연인 관계를 맺을 때 더 많은 문제를 겪는 동시에, 더 풍부한 성적 지식과 태도를 가지고 있다는 연구 결과가 있다.[33] 알렉산드라 안테프스카Aleksandra Antevska와 니콜라 가비는 주류 포르노를 시청한 젊은 남성을 대상으로 심층 인터뷰를 실시했다. 이에 따르면, 대상자 중 대부분이 남성의 성적 쾌락과 극단적인 성적 행위에 초점을 맞춘, 지배적인 남성과 순종적인 여성 모델이 스크립트에 녹아 있는 성차별 주의를 아무렇지 않게 받아들이는 것으로 밝혀졌다. 하지만 소수의 남성은 그들이 시청하고 있는 콘텐츠가 담고 있는 윤리적 딜레마를 비판적으로 성찰했다.[34] 레이철 리베르만Rachael Liberman이 페미니즘 포르노의 제작자와 소비자와 나눈 대화를 보면, 페미니즘 포르노가 다양한 성적 행위와 정체성을 적극적으로 탐구할 수 있도록 도와줬다는 면에서 일반 주류 포르노보다 더 명백하게 윤리적인 대안이 될 수 있다고 이들은 생각했다.[35]

앨런 맥키Alan McKee와 그의 연구팀은 젊은 세대가 포르노를 통해 자신이 즐길 만한 것을 배우고, 자아 수용법을 터득하고, 부모와 열린 의사소통을 하고, 섹스가 공격적이고 강제적인 것이라기보다는 즐겁고 기분 좋은 것일 수 있다는 느낌을 배우는 등 건강한 성적 발달을 위한 몇 가지 중요한 측면을 키우도록 하는 데 도움이 된다는 사실을 발견했다.[36] 하지만 포르노는 합의된 섹스, 안전한 섹스, 공적과 사적 경계, 관계를 위한 기술 등 건강한 성적 발달을 위한 요소들을 장려하는 데 서투른 면도 있다.[37]

포르노에 대한 창의적 개입

이처럼 더 복잡하고 미묘한 차이를 고려한 연구는 포르노가 존재하는 현실에 창의적으로 대응할 수 있는 길잡이 역할을 한다. 예를 들어, 주류 포르노가 젊은 남성들을 부추기는 것에 비판적인 시각을 가진 청년들에게서 우리가 무엇을 배울 수 있을까? 또한 섹스 미디어가 할 수 있는 것들에 대해 비판적으로 접근하는 페미니즘 및 윤리적 포르노 제작자와 소비자들에게서 우리가 무엇을 배울 수 있을까?

맥키와 그의 연구팀의 연구에서는 포르노가 건강한 성적 발달을 장려하지 못하는 영역에서 격차를 해소하기 위해서는 섹스 및 관계에 대한 좋은 교육과 조언이 필수적임을 강조한다. 하지만 유감스럽게도 그 효과가 입증되었음에도[38] 성·관계 교육Sex and Relationship Education(이하 SRE)은 정부 안건에서 높은 비중을 차지하지 않는 듯하다. 오히려 젠더 및 성적 다양성, 동의, 의사소통, 관계, 쾌락과 같은 젊은 세대가 가장 관심을 가지는 주제가 아닌 안전한 PIV 섹스에만 초점을 맞추는 경우가 많다.[39]

성애화 문제와 마찬가지로, 다양한 문제들에 대한 원인으로 주류 미디어와 정치인들, 형사 사법 제도, 그리고 심리학에서 포르노에 초점을 맞추는 것에 대해 유용한 질문을 던질 수 있다. 이처럼 포르노에 초점을 맞춤으로써 가려지거나 배제되는 것은 무엇인가?

특정 미디어를 비난하는 사례가 많이 있듯이,[40] 포르노는 편리한 문화적 희생양이 될 수 있다. 포르노를 문화적 희생양으로 삼으면, (우리 모두가 연루되어 있는) 구조적 불평

등이 어떻게 범죄로 이어지는지에 대한 더 불편한 질문을 던지기보다는 사악한 외부 세력에 초점을 맞추게 된다.[41] 또한 섹스, 젠더 폭력과 관련한 문제가 될 수 있는 생각들이 우리 주변에서 항상 존재하고[42] 주류 미디어나 일상적 대화에 등장하는데도 이런 곳에는 관심을 두지 않게 된다.[43] 이를테면 우리는 포르노에만 집중할 것이 아니라, 사람들이 실제로 하는 섹스의 종류(3장 및 4장 참조)에 대한 조언, 여성의 시각과 행동을 다루고 있는 여성 잡지,[44] 강간 통념이 빈번하게 다뤄지는 남성 잡지[45] 등이 담고 있는 메시지의 영향에 대해서도 우려해야 할 것이다. 또한 법정 소송 사건[46] 및 정치적 논쟁[47] 자체에 존재하는 문제가 많은 생각들을 검토하는 것도 유용할 수 있다. 성차별 주의, 섹스에 대한 편협한 표현, 성폭력과 학대의 문제를 해결하려면, 포르노를 향해서가 아니라 훨씬 더 넓은 곳으로 그물을 던져야 한다.

섹스 중독 문제

성애화라는 좀 더 넓은 개념의 하위에 속하는 최근의 또 다른 우려는 섹스 중독이다. 많은 사람(특히 남성)이 섹스에 중독되고 있다는 사실이다. 이로 인해 관계의 문제와 붕괴, 재정난과 실직, 성병 감염과 계획하지 않은 임신이 늘어나는 등의 문제가 생겨나고 있다.[48] 인터넷 포르노 및 온라인 섹스에 대한 중독이 늘어나고 있는데, 이는 약물이나 술과 유사한 방식의 중독성으로 사람들이 더 이상 다른 형태의 섹스에서는 즐거움을 얻을 수 없도록 두뇌 구조와 화학적 작용을 변화시킨다는 사실로 인해 특별히 더 걱정스럽다.

이 분야에서 아직 합의가 이루어지지 않아 섹스 중독, 또는 '과잉 성욕 장애hypersexual disorder'가 DSM의 성 기능 장애 목록에 등재되지 않은 반면(3장 참조),[49] 심리학자 및 심리 치료사 다수는 스스로 섹스 중독 전문가로서 자리매김하고[50] 섹스 중독자들을 위한 치료 서비스를 제공하고 있다. 공인된 성·관계 치료 기관에서 섹스 중독은 흔한 성적 문제로 등록되어 있다.

섹스 중독이란 무엇인가

새로 제안된 용어인 '과잉 성욕 장애'는 섹스 중독의 의미에 대한 단서를 제공한다. '성욕 감퇴 장애'가 성욕이 너무 없음을 의미한다면, '과잉 성욕 장애'는 성욕이 과할 정도로 많음을 의미한다. 폴 조아니데스Paul Joannides는 정신 의학자 및 심리 치료사들이 '적합한' 정도의 (너무 적지도 많지도 않은) 섹스라는 개념에 기반해 사고한다고 주장한다. 하지만 '적합한 수준'이라는 것은 각 전문가와 이론적 접근법별로 크게 다를 수 있다. 조아니데스는 외로움 때문에 행한 자위행위를 섹스 중독의 징후로 간주했던 한 연구를 예로 제시한다. 그는 다음과 같은 질문을 던진다. "인생에서 용인되는 외로움의 수준은 어디까지인가?", "자위를 하는 '올바른' 이유는 누가 정하는가?"[51] 어떤 사람들은 전문가가 말하는 적합한 정도의 섹스는 보통 전문가 자신이 실제로 하고 있는 섹스의 양을 의미하는 것이라고 이야기한다!

주요 성 치료 기구가 제시하는 섹스 중독의 정의를 살펴보면 치료사들이 생각하는 섹스 중독의 의미를 더 깊이 이해할 수 있다. 그중 하나는 다음과 같은 목록을 포함한다.

성적 행동 문제가 없는 사람 중에서도 다수가 아래의 행동을 하는 경우가 있을 수 있지만, 섹스 중독의 징후는 다음과 같다.

- 강박성 자위(자기 자극)
- 다자간 외도(혼외정사)
- 복수의 또는 익명의 성적 파트너 그리고/또는 하룻밤 섹스
- 지속적인 포르노 이용
- 안전하지 않은 섹스
- 폰섹스 또는 컴퓨터 섹스(사이버 섹스)
- 성매매 또는 성매매 이용
- 노출증
- 애인 구함 광고를 통한 강박적인 데이트
- 성희롱
- 관음증(타인을 관찰하는 것) 그리고/또는 스토킹
- 법률 위반[52]

4장에서 성도착 장애 기준과 관련해 논의했던 부분들을

떠올려 보면, 위의 목록에도 몇 가지 문제점이 있음을 바로 알아차릴 수 있을 것이다. 여기서 우선적으로 얻을 수 있는 단서는, 이러한 것들이 문제를 일으키는 경우에만 문제가 된다는 것이다. 하지만 우리가 알고 있듯이, 어떤 행동들을 섹스 중독 또는 장애의 징후로 나열하는 것 자체가 해당 행동들을 이중으로 낙인찍는 위험한 피드백 회로를 형성한다. 그렇게 되면 사람들은 그 행동들을 더 수치스러워하고 부정적으로 느낄 가능성이 있다. 또한 관습을 거스르는 행위와 강압적인 행위 사이에는 일반적으로 문제가 발생한다. 또 '외부 경계'에 있는 성적 행위들은 앞서 언급한 '특권 계층'에 속하는 행위들보다 훨씬 더 중독될 가능성이 높다는 인식이 있다. 우리 문화에서 이미 소외된 집단과 이들의 행동을 중독과 연관 짓는 것은 그들에게 한 번 더 낙인을 찍는 일이다. 이것이 솔로 섹스, 온라인 섹스, 비일부일처제, 성 노동에 참여하는 이들에게 미칠 잠재적 영향에 대해서는 거의 생각하지 않는 셈이다.[53] 비평가들은 또한 이러한 행위 중 일부는 특히 동성애자 남성 사이에서 흔하게 일어나는데 현재 동성애 자체는 더 이상 장애로 분류되지 않기에, 이러한 기준이 그들을 병적인 존재로 분류하게 만

들 새로운 방법이 될 위험이 있다고 지적한다.[54]

마지막으로, 성애화 및 포르노와 같이, 섹스 중독은 많은 개념을 포괄하는 상위 용어임이 분명하다. 그렇다면 새로운 관계에서 나오는 뜨겁고 강렬한 느낌을 끊임없이 갈구하는 사람들(섹스 및 사랑 중독)과 포르노 잡지를 보며 오랜 기간 자위를 하는 사람들, 가벼운 섹스를 하는 파트너가 여러 명 있는 사람들, 강박적으로 웹캠을 이용한 온라인 섹스를 찾는 사람들, 불륜을 저지르는 사람들, 기타 등등을 모두 한데 묶는 것이 논리적으로 말이 되는가?

섹스 중독은 어떤 가능성을 열어 주는가

누군가를 섹스 중독자로 진단할 때 조심해야만 하는 많은 이유가 있다. 일관성의 문제뿐 아니라, 섹스 중독이 '정말로' 증가했는지, 아니면 섹스 중독이라는 용어의 사용이 증가하고 사회 분위기에 따라 사람들이 그와 관련된 행동에 대해 신경 써야 할 것처럼 여기게 된 것인지에 대해 의문이 생길 수 있다.[55] 2장의 내용을 떠올려 보면, 우리가 하는 '모든 행동'이 뇌에 영향을 미친다는 점을 지적할 수 있을 것이다. 따라서 무언가가 뇌에 변화를 야기하기 때문에 이러한 결과가 '실제'라는 주장은 근거가 명확하지 않다.[56]

분명 어떤 사람들은 자신의 성적 욕구와 행위로 인해 문제를 겪는다. 강박적으로 섹스에 많은 시간과 에너지를 소비하며, 이러한 유형의 섹스로 인해 삶의 다른 측면들에 방해를 받고 불편하거나 괴로움을 느끼고 여러 가지로 위험에 처한다.

만약 누군가가 스스로를 섹스 중독자라고 생각한다면, 그 사람에게 섹스 중독이란 어떤 의미인지 명확히 하는 것이 중요하다. 우리의 두 번째 질문 또한 도움이 된다. 섹스 중독이라는 이름표는 어떠한 가능성을 열어 주고 어떠한 가능성을 차단해 버리는가? 한 사람이 자신을 섹스 중독자라고 비하하는 것은 이것을 의심 없이 받아들이는 것만큼이나 스스로를 무력하게 만드는 일일 수 있다. 그러나 우리가 이러한 이름표를 붙이는 것의 장·단점을 심사숙고해 본다면, 이들이 좀 더 떳떳하게 자신의 상태를 드러낼 수 있을 것이다. 사람들이 겪고 있는 고충들을 인지하되, 일종의 고정된 정체성처럼 그들이 무조건 '섹스 중독자'라고 생각해서는 안 된다.

내가 내담자와 이러한 종류의 대화를 나누어 보면, 그들은 '섹스 중독자'라는 이름표로 인해 자신에게 진짜 어떤 일이 벌어지고 있고, 그것이 단순히 그들 자신의 잘못이 아니며, 같은 방식으로 힘들어 하는 다른 사람들이 존재하며, 그들에게서 지지와 이해를 받을 수 있다는 느낌이 든다고 말한다. 하지만 한편으로는 '섹스 중독자'라는 이름표가 평생 따라다니고, 섹스 중독자는 변화의 가능성이 없다는 뜻이며, 다른 모두와 똑같을 수 없는 자신만의 경험들이 인정되지 않고, 섹스 중독으로 진단받았을 때 그들이 추구하는 섹스가 (비록 이로 인해 문제가 생긴다고 해도) 자신에게 어떤 면에서 매력적이고 중요한 것인지를 사람들이 인정하지 않을까 봐 종종 걱정한다.[57]

섹스 중독에 대한 창의적 접근

'섹스 중독'으로 어려움을 겪고 있는 사람들의 문제를 다루기 위해 창의적인 방식을 적용할 때 중요한 점은 섹스와 관련해 그들이 받은 문화적 메시지에 대해 이야기하는 것이다. 섹스 중독이 마음을 어지럽게 해서 문제인가, 아니면 사회가 섹스 중독을 '나쁜' 것으로 보기 때문인가, 아니면 섹스 중독 때문에 주변 사람과 문제가 생기기 때문인가? 분명 이러한 문제들을 개별적으로 구분해 내기는 쉽지 않다.[58]

긍정적으로 작용하고 있는 측면과 부정적으로 작용하고 있는 측면을 생각해 보는 것도 유용하다. (도움을 요청하고 있는 것을 고려하면) 섹스 중독자들이 처한 상황은 분명 고통스럽겠지만, 이러한 행위가 이들에게 무언가를 제공하기 때문에 강박적 행동으로 이어지는 것이다. 섹스 중독과 관련한 손실과 이득 모두를 살펴보는 것도 유용할 수 있다. 2장에서 다루었던 다른 종류의 성적 문제들과 마찬가지로, 여기서 중요한 것은 개인이 가지고 있는 '섹스 중독'의 다양한 의미를 탐구하는 일이다. 온라인 성적 만남에 많은 시간을 보낸 젊은 남성 두 명을 상담한 적이 있다. 그들이 이 경험에서 각각 얻은 것은 천지 차이였다. 한 남성에게 온라인 성적 만남은 힘든 현실에서 벗어나 불안해 할 필요 없는 일종의 블랙홀로 들어갈 수 있는, 마음을 달래 주는 활동이었다. 다른 한 남성에게는 자신이 가장 살아있고 깨어 있다고 느끼는 장소였다. 사이버 섹스는 그동안 현실의 삶에서는 차마 분출하지 못했던 자신감 넘치고 지배적인 모습을 마음껏 해방하는 동시에 따분한 직장에서는 불가능했던 창조성을 발휘하게 해 주었다.

중독에 대한 일부 전통적인 '치료법'은 금욕을 포함한다. 단순히 문제가 있는 행동을 더 이상 하지 않는 것이다. 이러한 방법은 사람들에게 자신의 행동이 본인에게 무엇을 의미하는지, 그 행동에서 자신이 무엇을 얻는지 알 수 있는 기회를 주지 않는다. 또 사람들은 흔히 완전한 금욕에서 강박적 행동이 재발하는 경험을 하고, 이로 인해 끔찍한 기분을 느낀다. 여기에서는 '현재에 집중하기'와 같은 마음챙김 사상이 도움이 된다. 이러한 행동에 대해 우리 자신을 잃어버리거나 이러한 행동을 완전히 피하려고 하는 대신, 좀 더 천천히, 자기 인식을 통해 이 문제에 대처할 수 있으며, 이후 무엇으로 인해 이러한 행동을 강박적으로 하게 되었는지에 대해 생각해 볼 수 있다.[59]

다음으로 성적 욕구의 의미에 대해 더 자세히 살펴보도록 하겠다. 우리가 성적 욕구와 관련해 문제를 겪은 경험이 있는지와 상관없이 이와 같은 방식으로 탐구하는 것이 유용할 수 있기 때문이다.

에로스적 상상력

지금까지 살펴보았듯이, 심리학에서는 포르노와 에로티카 사이에 선을 긋고 둘을 구분하려는 경향이 있다. 우리는 또한 타인이 만들어 낸 성적 자료를 소비하는 사람들과 자신의 에로틱한 생각과 상상력을 이용하는 사람들을 구별하는 경향도 있다. 성적 환상의 모든 영역을 함께 탐구하는 것은 가치 있는 일이다. 즉, 우리의 성적 욕구가 무엇인지, (우리가 어떤 식으로 성적 욕구를 다루건 간에) 그리고 그것이 우리에게 어떤 의미를 지니고 있는지를 고려해 보는 것이다.

보편적인 성적 환상

마지막 장에서 보았듯이, '비정상적'이라고 불리는 여러 성적 욕구는 사실 매우 흔하다. 크리스천 조열Christian Joyal과 그의 연구팀은 최근 다양한 성적 환상의 대중성에 대한 연구를 진행했다.[60] 연구 결과에 따르면, 예를 들어 80% 이상의 사람들이 색다른 장소에서 하는 섹스에 대한 환상이 있으며 70% 이상의 사람이 자신의 파트너가 아닌 다른 누군가와 섹스하는 것에 대한 환상이 있다. 50% 이상은 집단 성교와 같은 종류의 섹스에 환상이 있었으며, 비슷한 비율의 사람이 일정 형태의 BDSM에 환상을 갖고 있었다. 노출증, 관음증, 자위, 구강 및 항문 섹스 또한 유명인과의 섹스와 더불어 대중적인 성적 환상이다. 방금 언급한 것들은 대중적인 성적 환상의 주요 테마 중 일부이다. 이러한 대중적인 성적 환상은 자신만의 성적 욕구를 탐구하고자 하는 사람들에게 유용한 가이드 역할을 하는 동시에, 자신이 느끼는 욕구의 본질에 대해 걱정해 온 사람들의 경험을 정상화하는 데 도움이 될 수 있다.[61]

성적 환상이 가진 의미

일부 심리 치료사들은 성적 환상을 깊이 있게 분석하려고 노력해 왔다. 또 성적 환상에서 공통으로 나타나는 내용과 성적 환상을 통해 사람들이 스스로에 대해 무엇을 알 수 있는지 탐구했다.[62] 사람들의 환상에 공통으로 나타나는 내용이 성적 환상의 '보편적인' 의미를 제시하지는 않는다. 오히려 사람들의 환상은, 꿈처럼 각자 고유한 의미를 지니고 있으며, 이러한 환상이 가진 다양한 요소와 그것이 우리 자신에게 어떻게 작용할지를 곰곰이 되새겨 보았을 때 잘 활용할 수 있는 것들이다.

1990년대 미국의 인본주의 치료자인 잭 모린Jack Morin은 자신이 상담했던 다수의 특정한 성적 환상을 상세히 분석했다. 또 수백 명을 대상으로 '성적 흥분 조사'를 진행하고 이를 바탕으로 『에로틱 마인드The Erotic Mind』를 저술했다.[63] 2000년대 영국의 정신 분석가인 브렛 카Brett Kahr는 사람들의 삶과 환상에 대한 수천 건의 조사 응답과 수백 건 이상의 심층 인터뷰를 포함해, 총 2만 명에 가까운 사람들을 대상으로 훨씬 더 광범위한 조사를 실시했다. 이 연구는 카의 저서 『섹스와 정신Sex and The Psyche』의 기초가 되었다.[64]

치료사들이 휴머니즘과 정신 분석학이라는 다른 접근법을 통해 어떤 식으로 성적 환상을 이해하고 있는지를 비교하는 것은 흥미롭다. 그들은 반복적으로 나타나는 환상이 주로 사람들 각자의 유년기 및 청소년기의 경험에 뿌리를 두는 경우가 많으며, 우리의 희망, 공포, 갈등, 가치 등에 대해 많은 것을 말해 준다는 사실에 전적으로 동의한다. 그러나 카는 종종 상당히 병리학적 관점(4장 참조)에 빠져드는 경향이 있었고 과거 경험으로 인한 트라우마에 초점을 둔 반면, 모린은 성적 다양성 또는 유해하지 않은 다양성(4장 참조)과 같은 개념과 좀 더 공통점이 많은 노선을 따르며 절정의 쾌락을 주는 에로틱한 경험을 자신의 출발점으로 삼았다. 두 저서 모두 읽을 만한 가치가 충분하다. 그리고 독자가 자신의 에로틱한 상상력을 탐구하고 확장하는 데 도움을 줄 수 있는 내용을 포함하고 있다. 이제 두 저자가 이야기하는 핵심 개념 몇 가지를 살펴보자.

카와 모린은 사실상 모든 사람이 환상을 '가지고 있다'는 사실에 동의한다. 그 환상은 흥분했을 때 특정 인물이나 성행위를 떠올리는 것처럼 단순할 수도 있고, 마음속으로 계속 진행 중인 성적 이야기를 상세하게 만들어 내는 일처럼 복잡할 수도 있다. 다음으로 넘어가기 전에, 각자 반복적으로 떠오르는 성적 환상이 있는지 생각해 보자. 가장 좋아하는 환상은 어떤 것인가? 그것들을 적어 둔다면, 카와 모린이 말한 개념과 관련지어 생각하는 데 도움이 될 수도 있다.

모린은 '흥분=끌림+장애물'이라는 에로틱 방정식을

제안한다. 다시 말하자면, 우리는 무언가에 끌리는 '동시에' 그것을 쟁취하기 위해 극복해야 할 어려움이 있을 때 흥분을 느끼는 경향이 있다는 주장이다. 예를 들어, 에로틱 팬픽션에서 흔하게 볼 수 있는 주제는 '처음'에 관한 이야기인데, 등장인물이 느끼는 끌림이 화답을 받을 수 있을지 분명하지 않은 상황에서, 등장인물이 고백할 수 있을 만큼 용감했을 때 비로소 결과가 분명해진다. 또 쾌락에 도달하기 위해 어느 정도의 고통을 감수해야 하는 '허트/컴포트hurt comfort' 이야기들도 흔하다. 금기시되는 욕구(예: 동성애적 끌림 또는 BDSM)를 마침내 충족시키는 사람들의 이야기도 흔하게 다뤄지는 주제이다.[65] 더 간단히 표현해 보자면, 모린의 방정식은 아마도 부분적으로 가린 몸이 왜 완전히 벗은 몸보다 더 야하게 느껴질 수 있는지 설명해 준다!

이는 또한 장기적인 관계에서 열정을 유지하는 일에 대한 에스터 페렐의 연구와 관련이 있다(3장 참조). 페렐은 따뜻함과 뜨거움을 동시에 얻기란 힘들다고 이야기한다. 아마도 따뜻하고 친밀한 관계는 장애물이 있을 때 느끼는 흥미진진한 긴장감을 충분히 선사하지 못할 것이다.[66] 모린은 역설적으로 불안, 죄책감, 분노와 같이 욕구를 가로

막을 수 있는 것은 적은 양으로도 욕구를 증폭시킬 수 있다고 말한다.

과거와 현재의 패턴

모린과 카의 관점에서는 이 모든 것이 우리에게 가장 핵심적인 에로틱 주제가 어디에서 생겨나는지에 대한 단서를 제공한다. 우리가 거의 의식하지는 못하지만, 과거에 겪은 감정적으로 힘든 경험이라는 장애물을 흥분과 쾌락으로 전환하기 위해 우리가 성적 환상을 이용하는 듯하다. 두 저자는 어떤 사람이 묘사하는 강렬한 환상이 타인에게는 이치에 맞지 않는 것으로 여겨지더라도, 그 사람의 과거를 자세히 들여다보면 그 원인이 명확해지는 여러 가지 강력한 사례를 제시한다. 예를 들어, 짝사랑을 많이 경험한 사람은 난교 파티의 중심에 있거나, 모든 이의 선망의 대상이 되거나, 로맨틱한 영웅이 낚아채 가는 대상이 되는 환상을 품을지 모른다. 학교에서 괴롭힘을 당했거나 거절당한 경험이 있는 사람이라면, 환상 속에서는 상황을 역전시키고 자신이 우위를 차지하는 인물이 되거나 자신이 괴롭힘을 당하는 것은 비슷하지만, 쾌락을 위해 자발적으로 복종하는 상황을 상상할 수 있다. 과거에 배뇨 실수로 인해 수치심을 느꼈던 사람은 다른 사람들에게 오줌을 싸거나, 자신이 그러한 일을 겪은 뒤 꼼꼼하게 씻겨지는 상상을 할 수도 있다. 이와 같은 사례에서 알 수 있듯이, 서로 다른 경험들이 개개인의 에로틱한 마음에 뿌리를 내리고, 환상은 이러한 경험들을 다루기 위해 개인마다 고유한 방식으로 작용한다.

따라서 자신의 성적 환상을 인지하는 일은 스스로가 성적으로 무엇을 즐기는지를 이해하는 좋은 방법이 될 수 있다. 이는 또한 자기 삶의 주요 패턴에 대한 통찰력을 제공할 수도 있으며, 이러한 패턴을 탐구하고 변화시키는 데 도움이 될 수 있다.

내가 앞서 이야기한 스스로 '섹스 중독자'라고 자가 진단한 두 명의 사례를 생각해 보자. 자신의 환상과 사이버섹스 안에서 지배자 역할을 맡는 것을 좋아했던 남성은, 자신이 창의력을 발휘했을 때 창피를 당한 이전 경험들로 인해 창의력을 에로틱한 영역에서만 제한적으로 발산했다는 사실을 깨달았다. 점차 그는 자신의 일과 관계에 더 많은 창의력을 불어넣는 일이 유익한 시도임을 알게 되었다. 그렇게 하는 것이 왜 그토록 두려웠는지를 이해하는 것이 그 자신에게 도움이 되었다. 온라인 섹스가 문제가 되었던 또 다른 남성은 자신을 흥분시킨 실제 내용을 확인하는 것을 처음에는 매우 꺼려했다. 우리는 비유적으로 말해, 들여다 보고 싶지 않은 자신의 환상들을 마음 한 부분에 가둠으로써 그의 환상이 어떻게 더 커지고 흉폭해졌는지를 살펴보았다. 여성이나 자신보다 어린 사람이 지배자 역할을 하는 포르노에 끌린다고 스스로 터놓고 말할 수 있게 되었을 때, 그는 자신이 그러한 시나리오 안에서 지배자보다는 복종하는 사람과 자신을 동일시한다는 사실을 깨닫고 놀랐다. 이것은 학창 시절 선배들에 의해 억지로 포르노를 보고 성적 행위를 강요당한 것으로 인해 미완성이었던 자신의 섹슈얼리티를 강탈당했다는 그의 감정과 관련이 있었다. 이러한 깨달음을 통해 그는 온라인에서 좀 더 윤리적으로 자신의 섹슈얼리티를 탐색할 수 있는 방법을 고려하게 되었을 뿐 아니라, 자기 삶의 다른 측면들도 타인에 의해 통제되고 있지 않은지에 대해 유용하게 검토할 수 있게 되었다.

모린이 경고했듯이, 성적 흥분을 불러일으켜 우리를 어

지럽히는 것들이 심각한 위협이 되는 경우는 우리가 그것을 부정하고, 자신에게서 숨기려고 할 때이다. 부정하고 숨기려고 할 때 오히려 통제 불가한 방식으로 흘러넘칠 수 있다. 반대로 열린 마음과 호기심을 가지고 다가간다면 우리 자신의 환상에 어떻게 대응하고, 더 나아가 확장시킬지에 대한 자기 이해와 현명한 결정이 가능해질 수 있다.[67]

물론 카와 모린의 견해를 비판적으로 생각해 볼 가치가 있다. 모든 환상이 우리 삶의 고통스러운 장애물과의 관계에 뿌리를 두고 있는가? 다른 연구 결과에 따르면, 상당히 많은 이들의 성적 환상은 어린 시절 좋아했던 미디어와 관련이 있다. 예를 들어 '스타트렉Star Trek'이나 '닥터 후Doctor Who'에서 누군가가 묶이는 장면을 보았던 것은 고통스럽기보다는 즐거운 기억이다.[68] 그렇다면 모든 환상은 먼 과거에 뿌리를 두고 있는가? 자신이 나이가 들었다는 생각을 하면서부터 자신보다 어린 사람과 관계하는 성적 환상을 가지게 된 사람은 어떨까? 모린과 카는 이러한 것들이 통제되고 싶은 욕망이나 매력적인 사람에게 매력적으로 보이고 싶은 것과 관련이 있기 때문에 호소력을 지니는 것이며, 과거의 힘든 경험이 근본 원인이라고 말할 것이다. 하지만 심리학자들이 흔히 말하듯이, 이 분야에 대한 훨씬 더 많은 연구가 이루어지기 전까지는 확신하기에는 아직 이르다!

성적 자기

지금까지 섹스와 섹슈얼리티를 매우 다양한 각도에서 살펴본 만큼, 우리가 어떻게 고유한 욕구와 정체성, 태도, 성적 행동을 지닌 성적인 존재, 즉 성적 자아를 갖추게 되었는지에 대한 질문을 종합해 보는 마무리가 유익할 것이다. 우리가 2장에서 탐구를 시작했듯이, 그 답은 복잡하고 역동적이며 지속적인 생물 심리 사회적 과정이어야 한다. 우리의 보다 넓은 문화, 개인적 경험, 그리고 뇌와 신체가 서로 지속적인 영향을 미치면서 우리가 어떤 존재가 되는지를 형성하는 것이다.

몇몇 사회학자들은 이 과정에서 문화적 측면이 어떻게 작용하는지 밝혀냈다. 이들 이론은 '성애화'가 현재 우리 사회에 미치는 영향을 이해하는 데 도움이 된다. 존 가뇽

John Gagnon과 윌리엄 사이먼William Simon이 제안한 내용에 따르면 우리는 각자 보다 넓은 사회, 대인 관계 경험, 정신 내부의 삶 사이에서 상호 작용하며 자신만의 성 각본sexual script(인간의 성적 경험을 사회적인 상호 작용으로 이해하는 데 도움을 주는 새로운 비유법. 성 각본 이론은 인간의 성을 연구하는 데 도움이 되는 사회학적, 문화적, 문화 인류학적, 역사적 그리고 사회 심리학적 도구들을 제공한다.—옮긴이 주)을 발달시킨다.[69]

성 각본 이론

잭 모린과 같은 인본주의적 정신 분석가들은 모든 인간이 고심하는 보편적인 주제를 위해 문화적 층위를 넘어서는 '실존주의적' 층위를 하나 더 추가할지 모른다. 안보 대 자유, 통제를 받는 것과 타인을 통제하는 것, 죽음에 대한 두려움, 의미의 탐색과 같은 실존주의적 주제들은 우리의 성적 욕망을 통해 지속적으로 모습을 드러내는 것처럼 보인다.[70]

우리의 '문화'는 우리가 속한 시·공간 내에서 섹스와 관련해 사람들이 가질 수 있는 여러 의미들을 결정짓는다.

그림 5.1 사이먼과 가뇽의 모델

'대인 관계' 경험에서 우리가 이러한 의미들을 접하게 되며, 실존주의적 주제에 대한 우리의 이해 또한 대인 관계 경험에 의해 형성된다. 그리고 '정신 내부' 차원에서 이러한 경험 및 문화적 메시지와 관련해 특정 욕구들이 나타난다. 그뿐만 아니라 어떤 욕구를 실행에 옮기고 어떤 욕구를 공개하고 숨길 것인지와 같은 좀 더 의식적인 사고도 생겨난다.

성적 이야기 이론

사회학자 켄 플러머Ken Plummer[71]는 자신이 제안한 성적 이야기 이론에서 문화가 우리의 성적 자아에 어떻게 관여하는지에 대한 사이먼과 가뇽의 생각을 발전시켰다. 플러머는 우리 모두가 자기 자신에 대한 이야기를 가지고 있다고 말한다. 즉, 우리가 누구인지, 어떻게 그렇게 되었는지에 대한 서사를 자신(정신 내부)과 타인(대인 관계)에게 반복해 전달함으로써 자신의 삶을 이해하고 우리 자신을 특정한—흔히 유리한—방식으로 표현한다는 것이다. 이러한 서사는 흔히 미디어와 우리가 거주하는 지역 사회(문화)에 존재하는 이야기들을 활용해 만들어진다.

플러머는 최근 수십 년 동안 사람들이 '강간 생존자' 이야기 또는 '커밍아웃' 이야기와 같은 자신의 성적 행동과 정체성에 대한 이야기를 하도록 격려받는 분위기가 형성되면서, 섹스가 '큰 이야깃거리'가 되었다고 말한다. 이러한 이야기들은 토크쇼, 잡지, 신문, 전화 상담 서비스, 지원 단체 등을 통해 전해진다. 이는 이와 같은 이야기들이 일반적으로 유사한 구조를 가지고 있고, 동일한 핵심 요소를 포함하고 있음을 의미한다. 예를 들어, 커밍아웃 이야기는 보통 아동 또는 10대 시절에 자신이 어떤 면에서 '다르다'는 것을 깨닫는 것으로 시작해서, 자신과 같은 다른 사람들이 존재한다는 것을 깨닫고 그 차이에 이름을 붙이는 과정을 통해 전개된다.

성적 이야기들은 개별적으로 전해지는 것이 아니라, 여러 개인, 집단, 단체가 다양한 방식으로 이야기에 관여하며 대인 관계적이고 사회적으로 전달된다. 여기에는 '스토리텔러' 자신(예: 연구 프로젝트 또는 토크쇼 참여자)과 스토리텔러로부터 이야기를 이끌어 낼 수 있는 힘이 있는 '이야기 유도자coaxer' 및 '코치coacher', '강압적 진행자coercer(예: 치료사 또는 기자)', 이야기의 '소비자(예: TV 시청자 또는 연구 관련 신문 기사 독자)'가 포함된다. 물론 일부 이야기 소비자들도 직접 스토리텔러가 될 수 있으며, 그들이 읽고 들은 이야기가 그들이 말하는 이야기에 영향을 줄 것이다. 소셜미디어는 아마도 스토리텔러와 이야기 유도자, 소비자 사이의 경계를 훨씬 더 모호하게 만들었을 것이다.

플러머는 이러한 과정을 통해 여러 성적 이야기들이 저마다 다른 시기에 주목을 받게 된다고 주장한다. 즉 자신의 이야기를 기꺼이 전달하려는 사람들, 그 이야기를 이끌어내고자 하는 사람들, 그러한 이야기를 소비하고 싶어 하는 갈증이 존재할 때 주목을 받는다. 이 책을 통해 다룬 BDSM, 다자간 연애주의, 섹스 중독, 무성애, 트랜스젠더 또는 논바이너리 젠더에 대한 논의에서 이를 확인할 수 있다. 지난 10여 년 동안 각 이슈가 최고의 관심을 받던 순간이 있었다. 또한 분명한 것은, 이러한 각각의 이슈에 대해 널리 회자된 종류의 이야기들은 동질감을 느끼는 사람들에게 영향을 미쳐 이들이 자신의 이야기를 설명하는 방식을 형성한다는 점이다. 긴 시간에 걸쳐 이 영역을 연구하다 보면, 관심의 급증을 몇 차례 목격할 수 있으며, 급증한 각각의 관심은 (4장에서 다룬 BDSM에 대한 변화하는 이야기 및 공개 비일부일처제에 대한 이야기와 같은) 새롭고 가능성 있는 이야기에 대한 장을 열어 준다.

성적 주체

이 문제를 현재의 성적 상황이라고 가정되는 성애화 문화에 대입해 보자. 성애화라는 포괄적 용어로 모든 문제를 뭉

뚱그리는 것에 비판적일 수는 있지만, 오늘날 우리가 특정 종류의 성적 자아를 갖추도록 부추겨진다는 느낌은 분명 존재한다.

우선 2장에서도 살펴보았듯이, 지난 세기 동안 우리는 성 정체성이 고정되어 있고 타인에게 자신의 성 정체성을 '공개'해야만 건강한 인간이 될 수 있다고 생각하도록 부추겨졌다. 또한 섹스를 즐거움이나 여가 활동을 위한 것으로 여기는 경향도 나타났으며, 이는 우리에게 3장에서 논의했던 섹스의 필수성에 대한 숙제를 남겼다. 그 후 지난 수십 년 동안 페미니스트 심리학자 로잘린드 길[72]이 성적 주체화sexual subjectification라고 부른 변화가 나타났다.[73]

주체화는 과거 타인이 우리를 감시하던 것에서 우리 자신이 다양한 방식으로 스스로를 감시하게 된, 더 넓은 사회적 변화를 의미한다. 예를 들어, 동성애가 범죄로 처벌받거나 정신 의학자에 의해 병리적인 것으로 여겨지던 상황에서(2장 참조), 동성애자가 미디어에서 보여 주는 '착한 동성애자 시민'에 부합하는지—결혼을 하고, 정형화된 남성성을 지니며, 자신의 성적 행위에 대해 '너무 노골적'이지 않은지—의 여부를 확인하기 위해 스스로를 감시하기에 이

르렀다.[74]

로잘린드 길은 여성의 섹슈얼리티에 초점을 맞춘다. 길의 말에 따르면 성적 주체화는 여성이 그동안 남성의 시선에 의해 감시당하던 것에서 지속적인 자기 감시와 자아 인식을 통해 스스로를 감시하는 것으로 변한 것을 말한다. 길은 또한 속옷 광고, 여성 잡지 광고, 여성 독자를 겨냥한 로맨스 소설 등에서 나타난 최근의 변화를 살펴보았다. 길이 입증한 바에 따르면 매력적인 여성의 육체를 상품을 파는 데 사용하고 사랑에 빠지기만을 수동적으로 기다리는 존재로 여성을 묘사하는 과거의 '대상화'에 뚜렷한 변화가 나타났다. 이와는 달리 현재의 '주체화'는 여성이 '능동적'이고 '즐기는' 방식으로 주체적으로 성적 행동을 선택하는 것처럼 그려 낸다.

여성은 남성을 기쁘게 하기 위해서가 아니라 스스로의 즐거움을 위해 자신을 아름답게 가꾸도록 격려받고, 남성에 대한 일종의 힘을 발휘하는 것이 바람직한 것처럼 묘사된다. 이러한 예로 최근의 브래지어 광고에서 시청자가 광고 속 여성의 시점이 되어 방 안으로 들어서면, 광고 속 모든 사람이 고개를 돌리고 갈망하는 시선으로 여성의 가슴

부분을 바라본다.[75] 이러한 이미지 속의 여성들은 여전히 수십 년 전 남성이 욕망하는 대상들(마르고, 젊고, 흠잡을 데 없는)과 매우 닮아 있으며, 여성 독자를 겨냥한 '칙릿chick llit(1990년대 중반 영국과 미국을 중심으로 등장한 일종의 소설 장르로, 주로 20대와 30대 미혼 여성의 일과 사랑을 주제로 삼는다.—옮긴이 주)' 류의 소설에 등장하는 여성은 완전해지기 위해 남성과의 로맨틱한 관계가 필요한 것처럼 묘사되는 경우가 압도적으로 많다.[76]

이처럼 선택, 재미, 주체적 힘을 강조하는 분위기는 사람들이 섹시함에 대한 메시지를 거부하기 어렵게 만든다. 남자가 되려면 언제든지 성관계할 준비가 되어 있어야 하고, 주체적인 여성이 되려면 자신을 잘 가꾸어 아름답게 보이고 모든 이의 시선을 끌 수 있어야 한다. 섹스에 대해 불안감을 느끼는 많은 남성이나 젊음과 아름다움에 대한 매우 엄격한 기준에 맞지 않는 여성들이 설 자리는 없다. 그리고 그러한 기준에 맞는 사람들은 자신이 가진 것을 잃어버릴까 두려워하며 살아간다. 물론 이러한 두려움은 뷰티 제품, 자기 계발서, 메이크 오버 TV 프로그램, 패션, 그리고 그밖에 다른 많은 상품을 파는 훌륭한 방법이다.[77]

앞의 두 장에서 확인하였듯이, 이와 같은 메시지들은 또한 사람들이 '정상적'이면서도 '짜릿한' 섹스를 하기 위해 아슬아슬한 줄타기를 해야 한다는 의미이다. 허용 경계를 벗어나 섹스 중독이나 난잡함으로 치우쳐서도 안 되지만 성 기능 장애가 있거나 지루한 섹스를 해서도 안 된다. 지난 몇 년 사이에 섹스의 계층 구조가 바뀌었을지 모르겠지만, 여전히 상당 부분은 제자리를 지키고 있다.

우리는 현재의 성적인 맥락에 창의적으로 개입하는 것이 어떤 모습일지 그려 볼 수 있을 것이다. 나에게 있어 창의적 개입이란 개인의 정체성과 행위를 형성하는 모든 요소에 대해 사람들의 인식을 높이고, 각자의 욕구와 경험을 토대로 그들이 속해 있는 사회적 세계에 비판적으로 참여할 수 있도록 장려하는 일을 포함한다.

이 장에서 기억해야 할 것들

이번 장을 통해 섹스에 대해 우리가 받아들이는 문화적 메시지와 관련한 현안을 이해하는 계기가 되었기를 바란다.

그리고 이러한 분야에서 이루어지는 논쟁에 대해 비판적으로 사고하는 데 필요한 도구를 얻게 되었기를 희망한다. 유용하게 사용할 만한 또 다른 도구로 '배드 섹스 미디어 빙고bad sex media bingo'가 있다. 이번 장에서 다룬 주제들을 미디어가 표현하는 방식에 대해 사람들의 비판적인 참여를 이끌어 내기 위해 여러 심리학자들이 만들어 낸 것이다.[78] 관련 웹 사이트에 방문하면, 직접 해 볼 수 있는 빙고 카드가 있고 각 빙고 칸에 적힌 묘사가 왜 문제가 되는지에 대한 이유를 확인할 수 있다. 나중에 섹스에 대한 다큐멘터리를 보거나 기사를 읽을 때 한번 시도해 보기를 바란다.

우리는 또한 이번 장을 통해 우리의 성적 욕구가 어디에서 비롯되고 우리의 성적 자아가 개인의 삶과 주변 세계를 통해 어떻게 형성되는지에 관한 질문들을 깊이 파헤쳐 보았다. 다시 한번 말하지만, 자신의 욕구가 무엇인지, 자신의 섹슈얼리티 및 성적 경험에 대해 자신과 타인에게 어떤 이야기를 하고 있는지 되돌아본다면 우리가 지금까지 다룬 다양한 이론을 평가하는 데 도움이 될 것이다. 자신이 품고 있는 성적 환상과 어린 시절의 힘든 경험은 어느 정도까지 관련이 있는가? 보다 넓은 차원의 성적 이야기들이 개인의 서사와 성적 각본에 어떤 영향을 미쳤는가? 성적 주체화라는 문화적 변화가 자신의 삶과 관계들에서 느껴지는가?

주

01 심리학은 어떻게 섹스와 만났나

1 내가 이 책에서 언급하는 심리학은 일반적으로 서양의 문화적 맥락 안에서의 서구 심리학을 의미한다. 섹스와 섹슈얼리티를 이해하는 방식에 대한 광범위한 문화적 다양성과, 다른 문화적 맥락에서 발달한 심리학들을 다루어 볼 만한 여지가 있다. 하지만 유감스럽게도 지금까지 그와 같은 시도는 거의 없었으므로, 이 책에서는 그 부분을 깊이 다루지는 않을 것이다. 더 자세한 내용을 알고 싶은 경우, 이 책의 끝부분에 나오는 추가자료를 살펴보면 도움을 얻을 수 있을 것이다.

2 이와 같은 연구의 개요를 확인할 수 있는 유용한 웹 사이트: www.simplypsychology.org/primacy-recency.html

3 이 연구의 내용과 그에 대한 몇 가지 견해를 살펴볼 수 있는 웹 사이트: www.theatlantic.com/health/archive/2015/01/rethinking-one-of-psychologys-most-infamous-experiments/384913/

4 이 연구들 및 기대 효과에 대한 로버트 로젠탈Robert Rosenthal의 연구에 대해 읽을 수 있고, 심리학자들과 피실험자들이 심리학 연구에 참여할 때 어떤 식으로 다르게 행동하는가에 대한 더 많은 사례를 접할 수 있는 웹 사이트:

www.psy.gla.ac.uk/~steve/hawth.html
5 Rosenhan, D. L. (1973). On being sane in insane places. *Science*, 179, 250-258. 이 연구의 최신 버전은 *Opening Skinner's box: Great psychological experiments of the twentieth century.* London: W. W. Norton에서 발표.
6 Gould, S. J. (1996). *The mismeasure of man*. London: W. W. Norton & Company.
7 Tavris, C. (1991). *The mismeasure of woman: Paradoxes and perspectives in the study of gender*. Washington, DC: American Psychological Association.
8 Sistrunk, F., & McDavid, J. W. (1971). Sex variable in conforming behaviour. *Journal of Personality and Social Psychology*, 2, 200-207.
9 서구 심리학이 역사와 문화에 의해 어떻게 형성되었는지, 우리가 이러한 이슈에 지속적으로 관심을 가져야 할 이유가 무엇인지에 대해 더 자세히 알고자 할 때 강력하게 추천하는 책: Jones, D., & Elcock, J. (2001). *History and theories of psychology: A critical perspective*. London: Arnold. 심리학자들이 지배적인 문화적 이해를 근거로 문제가 있는 관행을 지지하기 위해 여전히 기존의 연구를 사용한다는 사실을 보여 주는 가장 최근의 예는 저명한 심리학자들이 구류자들을 고문하는 데 관여한 사례이다.
www.economist.com/blogs/democracyinamerica/2015/07/terror-torture-and-psychology
10 저스틴 레밀러Justin Lehmiller의 *The psychology of human sexuality* (Oxford: Blackwell, 2014), 체스 덴먼Chess Denman의 *Sexuality: A biopsychosocial approach* (London: Palgrave, 2003), 그리고 나와 크리스티나 리차드Christina Richard가 공동 집필한 *Palgrave handbook of the psychology of sexuality and gender* (Palgrave: London, 2003)의 목차 면을 비교해 볼 수 있으며, 나열한 저서들은 모두 이 책의

'추가자료' 목록에 포함되어 있다. 지난 세기에 걸쳐 나온 섹슈얼리티의 심리학 교재들의 목차 면을 다시 살펴보면, 훨씬 더 큰 변화를 확인하게 될 것이다. 이는 나와 크리스티나가 집필한 다음의 논문에서 더 자세히 다룬다. Barker, M., & Richards, C. (2013). What does Bancroft's *Human sexuality and its problems* tell us about current understandings of sexuality? *Feminism & Psychology*, 23(2), 243-251.

11 이와 관련해 더 자세히 알고 싶으면 내 블로그를 참고할 수 있다. www.rewriting-the-rules.com

12 스파이더맨(시대를 초월하는 교훈).

02 섹스와 섹슈얼리티

1 Epstein, D., O'Flynn, S., & Telford, D. (2003). *Silenced sexualities in schools and universities*. London: Trentham Books. 더 포괄적인 아동용 도서를 원하는 경우 다음을 참고. www.brainpickings.org/2015/02/16/best-lgbt-childrens-books, corysilverberg.com

2 Swearer, S. M., Turner, R. K., Givens, J. E., & Pollack, W. S. (2008). 'You're so gay!': Do different forms of bullying matter for adolescent males? *School Psychology Review*, 37(2), 160.

3 5장에서 더 최근의 정신 분석이 어떤 경향을 띠는지, 그리고 우리가 거기서 배울 수 있는 점은 무엇인지를 다시 다룰 것이다.

4 Barker, M. (2007). Heteronormativity and the exclusion of bisexuality in psychology. In V. Clarke & E. Peel (Eds.), *Out in psychology: Lesbian, gay, bisexual, trans, and queer perspectives* (pp. 86-118). Chichester, UK: Wiley.

5 Carey, B. (2005). Straight, gay or lying: Bisexuality revisited. *New*

York Times, 5.

6 Rieger, G., Chivers, M. L., & Bailey, J. M. (2005). Sexual arousal patterns of bisexual men. *Psychological Science*, 16(8), 579-584.

7 Rosenthal, A. M., Sylva, D., Safron, A., & Bailey, J. M. (2011). Sexual arousal patterns of bisexual men revisited. *Biological Psychology*, 88(1), 112-115.

8 For a review of the research on bisexuality see Barker, M., Richards, C., Jones, R., Bowes-Catton, H., & Plowman, T. (2012). *The bisexuality report: Bisexual inclusion in LGBT equality and diversity*. Milton Keynes: The Open University, Centre for Citizenship, Identity and Governance.

9 Creegan, C. & Keating, M. (2010). *Improving sexual orientation monitoring*. Manchester: Equality and Human Rights Commission. Available from: www.equalityhumanrights.com/sites/default/files/documents/research/improving_sexual_orientation_monitoring_v6_22-12-10.pdf

10 Kinsey, A. C., Pomeroy, W. B., & Martin, C. E. (1948). *Sexual behavior in the human male*. Bloomington: Indiana University Press; Kinsey, A. C., Pomeroy, W. B., & Martin, C. E. (1953). *Sexual behavior in the human female*. Bloomington: Indiana University Press.

11 영화 '킨제이 보고서Kinsey'는 킨제이의 삶과 연구에 대해 더 자세 알고자 할 때 처음 접하기에 적합하다. 킨제이의 연구 결과에 대한 더 자세한 정보를 위한 참고 웹 사이트: www.kinseyinstitute.org/research/ak-data.html

12 예를 들어, 위키피디아Wikipedia의 성적 지향sexual orientation 페이지를 보면, 세대와 문화에 따라 숫자가 다르다는 사실을 확인할 수 있다. http://en.wikipedia.org/wiki/Demographics_of_sexual_orientation

13 Klein, F., Sepekoff, B., & Wolf, T. J. (1985). Sexual orientation: A multi-variable dynamic process. *Journal of Homosexuality*, 11(1-2), 35-49.

14 Klein, F. (2014). *The bisexual option*. New York: Routledge.

15 Diamond, L. M. (2009). *Sexual fluidity*. Cambridge, MA: Harvard University Press.

16 Chivers, M. L., Seto, M. C., & Blanchard, R. (2007). Gender and sexual orientation differences in sexual response to sexual activities versus gender of actors in sexual films. *Journal of Personality and Social Psychology*, 93(6), 1108.

17 Savin-Williams, R. C., Joyner, K., & Rieger, G. (2012). Prevalence and stability of self-reported sexual orientation identity during young adulthood. *Archives of Sexual Behavior*, 41(1), 103-110.

18 Mock, S. E., & Eibach, R. P. (2012). Stability and change in sexual orientation identity over a 10- year period in adulthood. *Archives of Sexual Behavior*, 41(3), 641-648.

19 Gough, B., & Edwards, G. (1998). The beer talking: Four lads, a carry out and the reproduction of masculinities. *The Sociological Review*, 46(3), 409-455.

20 Pathela, P., Hajat, A., Schillinger, J., Blank, S., Sell, R., & Mostashari, F. (2006). Discordance between sexual behavior and self-reported sexual identity: A population-based survey of New York City men. *Annals of Internal Medicine* , 145(6), 416-425.

21 Haldeman, D.C. (2014). Sexual orientation conversion therapy: Fact, fiction, and fraud. In S. Dworkin & M. Pope (Eds.), *Casebook for counseling: Lesbian, gay, bisexual, and transgender persons and their families*. Hoboken, NJ: Wiley, p. 297.

22 Fausto-Sterling, A. (2000). *Sexing the body: Gender politics and the*

construction of sexuality. New York: Basic Books, p. 31. 이와 같은 사상에 대한 간략한 개요를 확인하고 싶다면 다음 자료를 참고: Fausto-Sterling, A. (2012). *Sex/gender: Biology in a social world*. New York: Routledge.
23 Joel, D., Berman, Z., Tavor, I., Wexler, N., Gaber, O., Stein, Y., . . . & Liem, F. (2015). Sex beyond the genitalia: The human brain mosaic. *Proceedings of the National Academy of Sciences*, 112(50), 15468-15473.
24 Fine, C. (2010). *Delusions of gender*. Duxford, UK: Icon Books.
25 Herdt, G. H. (1993). *Third sex, third gender: Beyond sexual dimorphism in culture and history*. New York: Zone Books.
26 Titman, N. (2014). *How many people in the United Kingdom are nonbinary?* www.practicalandrogyny.com
27 Joel, D., Tarrasch, R., Berman, Z., Mukamel, M., & Ziv, E. (2014). Queering gender: Studying gender identity in 'normative' individuals. *Psychology & Sexuality*, 5(4), 291-321.
28 Richards, C., Bouman, W., & Barker, M.-J. (Eds.). (2016). *Genderqueer and non-binary genders*. Basingstoke: Palgrave Macmillan.
29 Bem, S. L. (1981). Gender schema theory: A cognitive account of sex typing. *Psychological Review*, 88(4), 354; Bem, S. L. (1995). Dismantling gender polarization and compulsory heterosexuality: Should we turn the volume down or up? *Journal of Sex Research*, 32(4), 329-334.
30 Barker, M., Richards, C., Jones, R., Bowes-Catton, H., & Plowman, T. (2012). *The bisexuality report: Bisexual inclusion in LGBT equality and diversity*. Milton Keynes: The Open University, Centre for Citizenship, Identity and Governance.

31 METRO Youth Chances. (2014). *Youth Chances summary of first findings: The experiences of LGBTQ young people in England*. London: METRO. 다음 웹 사이트에는 다양한 용어의 의미에 대한 개요가 나와 있다. http://itspronouncedmetrosexual.com/2013/01/a-comprehensive-list-of-lgbtq-term-definitions

32 Bowes-Catton, H., Barker, M., & Richards, C. (2011). 'I didn't know that I could feel this relaxed in my body': Using visual methods to research bisexual people's embodied experiences of identity and space. In P. Reavey (Ed.), *Visual methods in psychology: Using and interpreting images in qualitative research* (pp. 255-270). London: Routledge.

33 Turley, E. L., King, N., & Butt, T. (2011). 'It started when I barked once when I was licking his boots!': A descriptive phenomenological study of the everyday experience of BDSM. *Psychology & Sexuality*, 2(2), 123-136.

34 Sedgwick, E. K. (1990). *Epistemology of the closet*. Upper Saddle River, NJ: Prentice Hall, p. 8.

35 van Anders, S. M. (2015). Beyond sexual orientation: Integrating gender/sex and diverse sexualities via sexual configurations theory. *Archives of Sexual Behavior*, 44(5), 1177-1213.

36 Hegarty, P., & Pratto, F. (2004). The differences that norms make: Empiricism, social constructionism, and the interpretation of group differences. *Sex Roles*, 50(7-8), 445-453.

37 Hegarty, P., & Pratto, F. (2001). Sexual orientation beliefs: Their relationship to anti-gay attitudes and biological determinist arguments. *Journal of Homosexuality*, 41(1), 121-135.

38 Denman, C. (2003). *Sexuality: A biopsychosocial approach*. Basingstoke: Palgrave Macmillan.

39 NATSAL (2013). *Sexual attitudes and lifestyles in Britain: Highlights from Natsal-3*. 참고 가능한 웹 사이트: www.natsal.ac.uk/media/2102/natsal-infographic.pdf
40 이에 관한 더 자세한 내용은 다음 웹 사이트에 기록해 두었다. http://rewriting-the-rules.com/2014/06/26/will-gay-rights-and-feminist-movements-please-return-to-your-assumptions

03 '제대로 된' 섹스

1 Barker, M., Gill, R., & Harvey, L. (2018). *Mediated intimacy: Sex advice in media culture*. London: Polity.
2 Masters, W. H., & Johnson, V. E. (1966). *Human sexual response*. Boston: Little, Brown.
3 Kaplan, H. S. (1974). *The new sex therapy*. New York: Brunner/Mazel.
4 American Psychiatric Association. (2013). DSM-5 - *Diagnostic and statistical manual of mental disorders*. Washington, DC: American Psychiatric Association.
5 Kleinplatz, P. J. (2004). Beyond sexual mechanics and hydraulics: Humanising the discourse surrounding erectile dysfunction. *Journal of Humanistic Psychology*, 44(2), 215-242.
6 Hite, S. (1981). *The Hite report: A nationwide study of female sexuality*. New York: Dell.
7 Mintz, L. (2015). The orgasm gap: simple truth & sexual solutions. *Psychology Today*. 참고 가능한 웹 사이트: www.psychologytoday.com/blog/stress-and-sex/201510/the-orgasm-gap-simple-truth-sexual-solutions
8 Hite, S. (1981). *The Hite report: A nationwide study of female*

sexuality. New York: Dell.

9 Potts, A. (2002). *The science/fiction of sex: Feminist deconstruction and the vocabularies of heterosex*. London: Routledge.

10 Potts, A. (2000). 'The essence of the hard on': Hegemonic masculinity and the cultural construction of 'erectile dysfunction'. *Men and Masculinities* , 3(1), 85-103.

11 See Brotto, L. A., Knudson, G., Inskip, J., Rhodes, K., & Erskine, Y. (2010). Asexuality: A mixed - methods approach. *Archives of Sexual Behavior*, 39(3), 599-618.

12 See Carrigan, M. (2015). Asexuality. In C. Richards & M.-J. Barker (Eds.), *Handbook of the psychology of sexuality and gender* (pp. 7-23). Basingstoke: Palgrave Macmillan.

13 NATSAL (2013). *Sexual attitudes and lifestyles in Britain: Highlights from Natsal*-3. 참고 가능한 웹 사이트: www.natsal.ac.uk/media/2102/natsal-infographic.pdf

14 Barker, M.-J., & Gabb, J. (2016). *The secrets of enduring love: How to make relationships last*. London: Penguin Random House.

15 Tiefer, L. (1995). *Sex is not a natural act*. Boulder, CO: Westview Press.

16 Kleinplatz, P. J. (1998). Sex therapy for vaginismus: A review, critique and humanistic alternative. *Journal of Humanistic Psychology*, 38(2), 51-81.

17 Barker, M. (2011). De Beauvoir, Bridget Jones' pants and vaginismus. *Existential Analysis*, 22(2), 203-216.

18 Kleinplatz, P. J. (2004). Beyond sexual mechanics and hydraulics: Humanising the discourse surrounding erectile dysfunction. *Journal of Humanistic Psychology*, 44(2), 215-242.

19 Yalom, I. D. (2001). *The gift of therapy*. London: Piatkus.

20 Barker, M. (2011). Existential sex therapy. *Sexual and Relationship Therapy*, 26(1), 33–47. p. 40.

21 이것이 나와 저스틴 핸콕이 함께 쓴 섹스 조언서의 출발점이 된 책이다. Barker, M.-J., & Hancock, J. (2016). *Enjoy sex (How, when and if you want to): A practical and inclusive guide/Sex: A practical guide*. London: Icon Books.

22 Ogden, G. (2001). The taming of the screw: Reflections on 'a new view of women's sexual problems'. In E. Kaschak & L. Tiefer (Eds.), *A new view of women's sexual problems* (pp.17–22). New York: Haworth. p.18.

23 Brotto, L., & Barker, M. (Eds.). (2014). *Mindfulness in sexual and relationship therapy*. Abingdon: Taylor & Francis.

24 Mitchell, K. R., Mercer, C. H., Ploubidis, G. B., Jones, K. G., Datta, J., Field, N., . . . & Clifton, S. (2013). Sexual function in Britain: Findings from the third National Survey of Sexual Attitudes and Lifestyles (Natsal-3). *The Lancet*, 382(9907), 1817–1829.

25 Ussher, J. M., & Baker, C. D. (1993). *Psychological perspectives on sexual problems: New directions in theory and practice*. New York: Routledge.

26 Kleinplatz, P. J. (Ed.). (2012). *New directions in sex therapy: Innovations and alternatives*. London: Taylor & Francis.

27 Barker, M.-J., & Gabb, J. (2016). *The secrets of enduring love: How to make relationships last*. London: Penguin Random House.

28 Miller, S. A., & Byers, E. S. (2004). Actual and desired duration of foreplay and intercourse: Discordance and misperceptions within heterosexual couples. *The Journal of Sex Research*, 41, 301–309.

29 Van Hooff, J. (2013). *Modern couples? Continuity and change in heterosexual relationships*. London: Ashgate Publishing, Ltd.

04 '정상적인' 섹스

1 이와 같은—그리고 다른—성적 관행에 대해 더 자세히 알고 싶다면 다음의 두 에세이를 참고할 수 있다. Barker, M. (2005). Experience of SM awareness training. *Lesbian & Gay Psychology Review*, 6(3), 268-273; Barker, M. (2007). Turning the world upside down: Developing a tool for training about SM. In D. Langdridge & M. Barker (Eds.), *Safe, sane and consensual: Contemporary perspectives on sadomasochism* (pp. 261-270). Basingstoke: Palgrave Macmillan.

2 다음 내 저서의 섹스 관련 장에는 이 실습 문제의 더 긴 버전이 소개되어 있다. Barker, M. (2013). *Rewriting the rules: An integrative guide to love, sex and relationships*. London: Routledge.

3 American Psychiatric Association. (2013). *DSM-5-Diagnostic and statistical manual of mental disorders*. Washington, DC: American Psychiatric Association.

4 Barker, M.-J., & Iantaffi, A. (2015). Social models of disability and sex. In H. Spandler, J. Anderson, & B. Sapey (Eds.), *Distress or disability? Madness and the politics of disablement* (pp. 139-152). Bristol: Policy Press.

5 Kutchins, H., & Kirk, S. A. (2003). *Making us crazy*. New York: Simon and Schuster.

6 Moser, C. (2001). Paraphilia: A critique of a confused concept. In P. J. Kleinplatz (Ed.) *New directions in sex therapy: Innovations and alternatives* (pp. 91-108). London: Taylor & Francis.

7 Moser, C., & Kleinplatz, P. J. (2005). Does heterosexuality belong in the DSM. *Lesbian & Gay Psychology Review*, 6(3), 261-267.

8 나와 대런이 발행하는 저널인 『사이콜로지 앤드 섹슈얼리티*Psychology & Sexuality*』는 이 접근 방식 중 하나이며, 성 정체성 및 행위에 대해

비병리학적이고 긍정적인 입장을 취하는 글을 다수 포함하고 있다. www.tandfonline.com/action/journalInformation?show=aimsScope&journalCode=rpse20#.VoPoiMaLTC0
9 Wilson, G. D., & Gosselin, C. (1980). Personality characteristics of fetishists, transvestites and sadomasochists. *Personality and Individual Differences*, 1(3), 289-295; Moser, C., & Levitt, E. E. (1987). An exploratory-descriptive study of a sadomasochistically oriented sample. *Journal of Sex Research*, 23(3), 322-337.
10 Wismeijer, A. A., & Assen, M. A. (2013). Psychological characteristics of BDSM practitioners. *The Journal of Sexual Medicine*, 10(8), 1943-1952.
11 Nordling, N., Sandnabba, N. K., & Santtila, P. (2000). The prevalence and effects of self-reported childhood sexual abuse among sadomasochistically oriented males and females. *Journal of Child Sexual Abuse*, 9(1), 53-63.
12 Renaud, C. A., & Byers, E. S. (1999). Exploring the frequency, diversity, and content of university students' positive and negative sexual cognitions. *The Canadian Journal of Human Sexuality*, 8(1), 17.
13 Durex (2005). *Give and receive: 2005 Global Sex Survey results*. 참고 가능한 웹 사이트: www.data360.org/pdf/20070416064139. Global%20Sex%20Survey.pdf
14 Barker, M., Iantaffi , A., & Gupta, C. (2007). Kinky clients, kinky counselling? The challenges and potentials of BDSM. In L. Moon (Ed.), *Feeling queer or queer feelings: Counselling and sexual cultures* (pp. 106-124). London: Routledge.
15 Beckmann, A. (2009). *The social construction of sexuality and perversion: Deconstructing sadomasochism*. Basingstoke: Palgrave Macmillan.

16 Kolmes, K., Stock, W., & Moser, C. (2006). Investigating bias in psychotherapy with BDSM clients. *Journal of Homosexuality*, 50(2-3), 301-324.

17 Kleinplatz, P. J., & Moser, C. (Eds.). (2014). *Sadomasochism: Powerful pleasures*. New York: Routledge.

18 Nichols, M. (2006). Psychotherapeutic issues with 'kinky' clients: Clinical problems, yours and theirs. *Journal of Homosexuality*, 50(2-3), 281-300.

19 Barker, M., Gupta, C., & Iantaffi , A. (2007). The power of play: The potentials and pitfalls in healing narratives of BDSM. In D. Langdridge & M. Barker (Eds.), *Safe, sane and consensual: Contemporary perspectives on sadomasochism* (pp. 197- 216). Basingstoke: Palgrave Macmillan.

20 Richards, C., & Barker, M. (2013). *Sexuality and gender for mental health professionals: A practical guide*. London: Sage.

21 나와 저스틴 핸콕은 다음의 책에서 섹스에 대해 자신을 비롯한 타인과 소통하는 이와 같은, 또 그밖에 다른 방법을 어떻게 사용할 것인지에 대해 논의한다. Barker, M.-J., & Hancock, J. (forthcoming, 2016). *Enjoy sex (How, when and if you want to): A practical and inclusive guide*. London: Icon Books. 특별히 킨크에 관심이 있다면, 트리스탄 타오미노Tristan Taormino의 모음집으로 시작하는 것이 도움이 될 수 있다. Taormino, T. (Ed.). (2013). *The ultimate guide to kink: BDSM, role play and the erotic edge*. Jersey City, NJ: Cleis Press.

22 Barker, M. (2007). Heteronormativity and the exclusion of bisexuality in psychology. In V. Clarke & E. Peel (Eds.), *Out in psychology: Lesbian, gay, bisexual, trans, and queer perspectives* (pp. 86-118). Chichester, UK: Wiley.

23 Barker, M.-J., Gill, R., & Harvey, L. (forthcoming, 2016). *Mediated*

intimacy: Sex advice in media culture. London: Polity.

24 Rubin, R. (2001). Alternative family lifestyles revisited, or whatever happened to swingers, group marriages and communes? *Journal of Family Issues*, 7(6), 711.

25 Vangelisti, A. L., & Gerstenberger, M. (2004). Communication and marital infidelity. In J. Duncombe, K. Harrison, G. Allan, & D. Marsden (Eds.), *The state of affairs: Explorations in infidelity and commitment* (pp. 59–78). Mahwah, NJ: Lawrence Erlbaum Associates.

26 Barker, M., & Langdridge, D. (Eds.). (2010). *Understanding non-monogamies*. New York: Routledge.

27 Conley, T. D., Moors, A. C., Matsick, J. L., & Ziegler, A. (2013). The fewer the merrier?: Assessing stigma surrounding consensually non-monogamous romantic relationships. *Analyses of Social Issues and Public Policy*, 13(1), 1–30.

28 Barker, M., & Langdridge, D. (2010). Whatever happened to non- monogamies? Critical reflections on recent research and theory. *Sexualities*, 13(6), 748–772.

29 Conley, T. D., Ziegler, A., Moors, A. C., Matsick, J. L., & Valentine, B. (2012). A critical examination of popular assumptions about the benefits and outcomes of monogamous relationships. *Personality and Social Psychology Review*, 17(2), 124–141.

30 Sheff, E. (2013). *The polyamorists next door: Inside multiple-partner relationships and families*. London: Rowman & Littlefield.

31 Pallotta- Chiarolli, M. (2010). 'To pass, border or pollute': Polyfamilies go to school. In M. Barker & D. Langdridge (Eds.), *Understanding non-monogamies* (pp. 182–187). London: Routledge.

32 Coontz, S. (2006). *Marriage, a history: How love conquered marriage*.

London: Penguin.

33 Holmes, B. M. (2007). In search of my 'one-and-only': Romance-related media and beliefs in romantic relationship destiny. *The Electronic Journal of Communication*, 17(3/4), 1-29.

34 Perel, E. (2007). *Mating in captivity: Unlocking erotic intelligence*. New York: Harper.

35 Sheff, E., & Hammers, C. (2011). The privilege of perversities: Race, class, and education among polyamorists and kinksters. *Psychology & Sexuality*, 2(3), 198-223.

36 Barker, M. (2013). *Rewriting the rules: An integrative guide to love, sex and relationships*. London: Routledge.

37 Heldman, C., & Wade, L. (2010). Hook-up culture: Setting a new research agenda. *Sexuality Research and Social Policy*, 7(4), 323-333.

38 Wosick- Correa, K. (2010). Agreements, rules, and agentic fidelity in polyamorous relationships. *Psychology & Sexuality*, 1(1), 44-61.

39 다음 나의 저서에 이 연속선에 대해 심층적으로 탐구한 챕터가 있다. Barker, M. (2013). *Rewriting the rules: An integrative guide to love, sex and relationships*. London: Routledge.

40 Ritchie, A., & Barker, M. (2006). 'There aren't words for what we do or how we feel so we have to make them up': Constructing polyamorous languages in a culture of compulsory monogamy. *Sexualities*, 9(5), 584-601.

41 Warren, J. T., Harvey, S. M., & Agnew, C. R. (2011). One love: Explicit monogamy agreements among heterosexual young adult couples at increased risk of sexually transmitted infections. *Journal of Sex Research*, 48(1), 1-8.

42 Barker, M. (2014). Open non-monogamies. In M. Milton (Ed.),

Sexuality: Existential perspectives (pp. 198-216). London: PCCS Books.

43 Barker, M., Heckert, J., & Wilkinson, E. (2013). Queering polyamory: From one love, to many, and back again. In T. Sanger & Y. Taylor (Eds.), *Mapping intimacies: Relations, exchanges, affects* (pp. 190-208). Basingstoke: Palgrave Macmillan.

44 이들은 2015년 비일부일처제 관련 컨퍼런스에서 다룬 주요 주제다. 다음의 웹 사이트에서 기조 강연을 확인할 수 있다. http://nmciconference.wordpress.com/keynote-speakers; 나단 램부카나Nathan Rambukkana는 자신의 저서에서 이에 대해 더 자세히 다루고 있다. Rambukkana, N. (2015). *Fraught intimacies: Non/monogamy in the public sphere*. Vancouver, BC: UBC Press.

45 자신의 삶을 위해 비일부일처 관계에 대해 더 자세히 알고 싶은 독자를 위해 다음의 책을 추천한다. Veaux, F., & Rickert, E. (2014). *More than two: A practical guide to ethical polyamory*. Portland, OR: Thorntree Press, LLC. 우리가 개방적인 관계라는 개념을 받아들이는 문제에 대한 나의 생각은 다음의 웹 사이트에 자세히 기록해 두었다. http://rewriting-the-rules.com/2014/09/21/open-relationships-revisited

46 Rubin, G. (1984). Thinking sex: Notes for a radical theory of the politics of sexuality. In C. S. Vance (Ed.), *Pleasure and danger: Exploring female sexuality* (pp. 267 - 319). London: Pandora.

47 Mulholland, M. (2011). When porno meets hetero: SEXPO, heteronormativity and the pornification of the mainstream. *Australian Feminist Studies*, 26(67), 119-135.

48 Mackay, J. (2001). Why have sex? *British Medical Journal*, 322, 623.

49 Hird, M. (2004). *Sex, gender and science*. Basingstoke: Palgrave Press.

50 Roughgarden, J. (2004). *Evolution's rainbow: Diversity, gender, and*

sexuality in nature and people. Oakland, CA: University of California Press.

51 Hird, M. (2006). Sex diversity and evolutionary psychology. *The Psychologist*, 19(1), 30-32.

52 Bagemihl, B. (1999). *Biological exuberance: Animal homosexuality and natural diversity*. London: Macmillan.

53 Barash, D. P., & Lipton, J. E. (2001). *The myth of monogamy: Fidelity and infidelity in animals and people*. New York: WH Freeman & Co.

54 Denman, C. (2003). *Sexuality: A biopsychosocial approach*. Basingstoke: Palgrave Macmillan.

55 성폭력을 성 도착 장애의 한 형태로 포함하려는 제마 토시Jemma Tosh의 시도가 이에 도움이 되었다. Tosh, J. (2014). *Perverse psychology: The pathologization of sexual violence and transgenderism*. New York: Routledge.

56 인간의 섹슈얼리티 지도는 작가 프랭클린 보Franklin Veaux가 해롭지 않은 다양성이 무엇일지 그려 보기 위해 활용한 하나의 예이다. 이를 DSM이 묘사한 다양한 종류의 섹스와 비교하는 것은 흥미롭다. www.xeromag.com/sexmap.html

57 Rubin, G. (1984). Thinking sex: Notes for a radical theory of the politics of sexuality. In C. S. Vance (Ed.), *Pleasure and danger: Exploring female sexuality* (pp. 267-319). London: Pandora. p. 283.

58 Barker, M.-J., & Richards, C. (2015). Further genders. In C. Richards & M. Barker (Eds.), *Handbook of the psychology of sexuality and gender* (pp. 166-182). Basingstoke: Palgrave Macmillan.

59 Ministry of Justice, Home Office & the Office for National Statistics (2013). *An overview of sexual offending in England and Wales*. 참고 가능한 웹 사이트: www.gov.uk/government/uploads/system/uploads/attachment_data/file/214970/sexual-offending-overview-

jan-2013.pdf
60 Barker, M.-J., Gill, R., & Harvey, L. (2016). *Mediated intimacy: Sex advice in media culture*. London: Polity.
61 Kitzinger, C., & Frith, H. (1999). Just say no? The use of conversation analysis in developing a feminist perspective on sexual refusal. *Discourse & Society*, 10(3), 293-316; O'Byrne, R., Rapley, M., & Hansen, S. (2006). 'You couldn't say "no", could you?': Young men's understandings of sexual refusal. *Feminism & Psychology*, 16(2), 133-154.
62 Friedman, J., & Valenti, J. (2008). *Yes means yes: Visions of female sexual power and a world without rape*. Berkeley, CA: Seal Press.
63 Beres, M. A. (2007). 'Spontaneous' sexual consent: An analysis of sexual consent literature. *Feminism & Psychology*, 17(1), 93-108.
64 Barker, M. (2013). Consent is a grey area? A comparison of understandings of consent in *50 Shades of Grey* and on the BDSM blogosphere. *Sexualities*, 16(8), 896-914.
65 The Pervocracy (2012). *Consent culture*. 참고 가능한 웹 사이트: http://pervocracy.blogspot.co.uk/2012/01/consent-culture.html
66 Gavey, N. (2013). *Just sex? The cultural scaffolding of rape*. London: Routledge.
67 Stryker, K. (2017). *Ask: Building consent culture*. Portland, OR: Thorntree Press.
68 Mint, P. (2007). *Towards a general theory of BDSM and power*. 참고 가능한 웹 사이트: http://freaksexual.wordpress.com/2007/06/11/towards-a-general-theory-of- bdsm-and-power/
69 Weiss, M. (2011). *Techniques of pleasure: BDSM and the circuits of sexuality*. Duke University Press; Bauer, R. (2014). *Queer BDSM intimacies: Critical consent and pushing boundaries*. Basingstoke:

Palgrave Macmillan.

70 동의의 개념을 확장하는 것에 대한 나의 생각은 다음의 웹 사이트에 좀 더 자세히 기록해 두었다. http://rewriting-the-rules.com/2014/10/10/consensual-relationships-revisited

05 성애화!

1 APA Report. (2007). *American Psychological Association, task force on the sexualization of girls*. Report of the APA task force on the sexualization of girls. www.apa.org/pi/wpo/sexualization.html. Accessed 2 August 2011; Bailey, R. (2011). *Letting children be children*. London: Department for Education. www.education.gov.uk/publications/eOrderingDownload/Bailey%20Review.pdf. Accessed 2 August 2011; Buckingham, D., Willett, R., Bragg, S., & Russell, R. (2010). *External research on sexualised goods aimed at children*. Report to Scottish Parliament Equal Opportunities Committee, SP Paper 374; Byron, T. (2008). *Safer children in a digital world: The report of the Byron Review* 2008. Victoria, BC: DCSF; Papadopoulos, L. (2010). *Sexualisation of young people review*. www.homeoffice.gov.uk/documents/Sexualisation-young-people. Accessed 2 August 2011; Rush, E., & La Nauze, A. (October 2006). *Corporate paedophilia: Sexualisation of children in Australia*. Canberra: Australia Institute.

2 다큐멘터리 '*The 5 Steps to Tyranny*'는 이 분야의 심리학 연구의 개요를 매우 쉽게 이해할 수 있도록 도와준다. 다음의 기사에 이러한 내용이 요약되어 있다. www.theguardian.com/media/2000/dec/19/tvandradio.television1

3 양극화 현상에 대한 나의 자세한 의견은 다음의 웹 사이트에서

확인할 수 있다. http://rewriting-the-rules.com/2013/06/05/the-tendency-to-polarise/

4 Barker, M.-J. (2012). *50 shades feminist*. 참고 가능한 웹 사이트: http://rewriting-the-rules.com/2012/07/04/50-shades-feminist/

5 Barker, M.-J. (2014). *The internet and relationships*. 참고 가능한 웹 사이트: http://rewriting-the-rules.com/2014/11/17/the-internet-and-relationships/

6 Barker, M. (2013). *So monogamy works for some animals. Doesn't mean it's 'natural' for us*. 참고 가능한 웹 사이트: www.theguardian.com/commentisfree/ 2013/jul/30/monogamy-animals-evolutionary-research

7 이 섹션은 다음의 리소스에서 발췌하였다. 내가 성애화에 대한 자료를 수집하고 연구에 활용하는 온라인 리소스: http://thesexualizationreport.wordpress.com 다음의 웹 사이트 또한 이 주제에 대한 여러 작가들의 글이 망라되어있다. www.onscenity.org

8 e.g. Levin, D., & Kilbourne, J. E. (2008). *So sexy, so soon: The new sexualized childhood and what parents can do to protect their kids*. New York: Ballantine Books; Sarracino, C., & Scott, K. M. (2008). *The porning of America: The rise of porn culture, what it means, and where we go from here*. Boston, MA: Beacon Press.

9 Barker, M., & Duschinsky, R. (2012). Sexualisation's four faces: Sexualisation and gender stereotyping in the Bailey Review. *Gender and Education*, 24(3), 303-310.

10 Hoyle, A. (2012). *Should we panic about pornography?* 참고 가능한 웹 사이트: www.tes.com/article.aspx?storycode=6287772

11 Bale, C. (2011). Raunch or romance? Framing and interpreting the relationship between sexualized culture and young people's sexual health. *Sex Education*, 11(3), 303-313.

12 데이비드 건틀레트가 자신의 저서에서 이 주제에 관해 다룬 장을 읽어 보면 도움이 된다. 미디어의 영향에 대해 더 폭넓게 알아보고 싶다면 책 전체를 읽어 보는 것 또한 추천한다. Gauntlett, D. (2008). *Media, gender and identity: An introduction*. London: Routledge.

13 Fine, C. (2010). *Delusions of gender: The real science behind sex differences*. London: Icon Books.

14 Egan, R. D. (2013). *Becoming sexual: A critical appraisal of the sexualization of girls*. London: John Wiley & Sons.

15 Alldred, P., & David, M. E. (2007). *Get real about sex: The politics and practice of sex education*. Maidenhead: Open University Press.

16 Read, J., & Bentall, R. P. (2012). Negative childhood experiences and mental health: Theoretical, clinical and primary prevention implications. *The British Journal of Psychiatry*, 200(2), 89-91.

17 http://thesexualizationreport.wordpress.com

18 Barker, M. (2014). Psychology and pornography: Some reflections. *Porn Studies*, 1(1-2), 120-126.

19 Murnen, S. K. (2015). A social constructivist approach to understanding the relationship between masculinity and sexual aggression. *Psychology of Men & Masculinity*, 16(4), 370-373.

20 Infographic of the day (2014). Hilarious graphs prove that correlation isn't causation. 참고 가능한 웹 사이트: www.fastcodesign.com/3030529/infographic-of-the-day/hilarious-graphs-prove-that-correlation-isntcausation

21 Fisher, W. A., & Davis, C. M. (2007). *What sexual scientists know about pornography*. The Society for the Scientific Study of Sexuality. www.sexscience.org/dashboard/articleimages/ssss-pornography.pdf

22 Kutchinsky, B. (1991). Pornography, sex crime and public policy. In S. A. Gerull & B. Halstead (Eds.). *Sex industry and public policy*

(pp. 41-54). Canberra: Australian Institute of Criminology.
23 Ferguson, C. J., & Hartley, R. D. (2009). The pleasure is momentary ... the expense damnable?: The influence of pornography on rape and sexual assault. *Aggression and Violent Behavior*, 14(5), 323-329.
24 Barker, M.-J. (2013). *Studying pornography*. 참고 가능한 웹 사이트: http://rewriting-the-rules.com/2013/06/01/studying-pornography/
25 Criminal Justice and Immigration Act (2008). 참고 가능한 웹 사이트: www.legislation.gov.uk/ukpga/2008/4/section/63
26 Ringrose, J., Gill, R., Livingstone, S. & Harvey L. (2012). *A qualitative study of children, young people, and sexting*. London: NSPCC. 참고 가능한 웹 사이트: www.nspcc.org.uk/globalassets/documents/research-reports/qualitative-study-children-young-people-sexting-report.pdf
27 O'Connor, R. (2013). What does feminist porn look like? *Everyday feminism*. 참고 가능한 웹 사이트: http://everydayfeminism.com/2013/09/feminist-porn/
28 Fisher, W. A., & Barak, A. (1991). Pornography, erotica, and behavior: More questions than answers. *International Journal of Law and Psychiatry*, 14(1), 65-83.
29 Docz, E. (2015). One lawyer's crusade to defend extreme pornography. *The Guardian*. www.theguardian.com/law/2015/sep/09/one-lawyers-crusade-defend-extreme-pornography
30 Backlash (2015). *Origin story*. 참고 가능한 웹 사이트: www.backlash-uk.org.uk/origin-story-how-myles-jackman-became-obscenity-lawyer/
31 Bale, C. (2011). Raunch or romance? Framing and interpreting the relationship between sexualized culture and young people's sexual

health. *Sex Education*, 11(3), 303-313.

32 Wellcome collection (2015). *Researching pornography*. 참고 가능한 웹 사이트: http://blog.wellcomecollection.org/2015/06/23/researching-pornography/

33 Short, M. B., Black, L., Smith, A. H., Wetterneck, C. T., & Wells, D. E. (2012). A review of Internet pornography use research: Methodology and content from the past 10 years. *Cyberpsychology, Behavior, and Social Networking*, 15(1), 13-23.

34 Antevska, A., & Gavey, N. (2015). 'Out of sight and out of mind' detachment and men's consumption of male sexual dominance and female submission in pornography. *Men and Masculinities*, 18(5), 605-629.

35 Liberman, R. (2015). 'It's a really great tool': Feminist pornography and the promotion of sexual subjectivity. *Porn Studies*, 2(2-3), 174-191.

36 McKee, A., Albury, K., Dunne, M., Grieshaber, S., Hartley, J., Lumby, C., & Mathews, B. (2010). Healthy sexual development: A multidisciplinary framework for research. *International Journal of Sexual Health*, 22(1), 14-19.

37 McKee, A. (2010). Does pornography harm young people? *Australian Journal of Communication*, 37(1), 17-36.

38 DfEE (2000). *Sex and relationships education (SRE) for the 21st century*. 참고 가능한 웹 사이트: www.sexeducationforum.org.uk/media/17706/sreadvice.pdf

39 이와 같은 내용을 포함한 SRE의 사례는 다음의 웹 사이트를 통해 확인할 수 있다. bishtraining.com, www.dosreforschools.com

40 Gauntlett, D. (no date).*Ten things wrong with the media effects model*. 참고 가능한 웹 사이트: www.theory.org.uk/tenthings.htm

41 Whitworth, A. (2012). Inequality and crime across England: A multilevel modelling approach. *Social Policy and Society*, 11(1), 27-40.
42 Lombard, N. (2013). Violence against women starts with school stereotypes. *The Conversation*. 참고 가능한 웹 사이트: https://theconversation.com/violence-against-women-starts-with-school-stereotypes-18440
43 the Everyday Sexism project 참고: www.everydaysexism.com
44 Grabe, S., Ward, L. M., & Hyde, J. S. (2008). The role of the media in body image concerns among women: A meta-analysis of experimental and correlational studies. *Psychological Bulletin*, 134(3), 460; Gill, R. (2009). Mediated intimacy and postfeminism: A discourse analytic examination of sex and relationships advice in a women's magazine. *Discourse & Communication*, 3(4), 345-369.
45 Horvath, M. A., Hegarty, P., Tyler, S., & Mansfi eld, S. (2012). 'Lights on at the end of the party': Are lads' mags mainstreaming dangerous sexism? *British Journal of Psychology*, 103(4), 454-471.
46 Burrows, N. (2015). *Responding to the challenge of rape myths in court*. 참고 가능한 웹 사이트: www.nb-research.com/wp-content/uploads/2015/01/Responding-to-the-challenge-of-rape-myths-in-court_Nina-Burrowes.pdf
47 Simic, Z. (2012). Why 'legitimate' rape and other myths are alive and dangerous. *The Conversation*. 참고 가능한 웹 사이트: http://theconversation.com/why-legitimate-rape-and-other-myths-are-alive-and-dangerous-8988
48 Reay, B., Attwood, N., & Gooder, C. (2013). Inventing sex: The short history of sex addiction. *Sexuality & Culture*, 17(1), 1-19.

49 Reid, R. C., & Kafka, M. P. (2014). Controversies about hypersexual disorder and the DSM-5. *Current Sexual Health Reports*, 6(4), 259-264.

50 e.g. Carnes, P. (2001). *Out of the shadows: Understanding sexual addiction*. Center City, MN: Hazelden Publishing; Hall, P. (2012). *Understanding and treating sex addiction*. London: Routledge; Maltz, W., & Maltz, L. (2010). *The porn trap: The essential guide to overcoming problems caused by pornography* . New York: William Morrow Paperbacks.

51 Joannides, P. (2012). The challenging landscape of problematic sexual behaviors, including 'sexual addiction' and 'hypersexuality'. In P. Kleinplatz (Ed.), *New directions in sex therapy: Innovations and alternatives* (pp. 69-83). London: Taylor & Francis.

52 COSRT (accessed 2017). *Common sexual problems*. 참고 가능한 웹 사이트: www.cosrt.org.uk/information-for-members-of-the-public/common-sexual-problems/

53 타니아 글라이드Tania Glyde는 섹스 중독으로 분류되는 대상 중 사실은 섹스 중독이 아닌 경우가 많은 이유를 자신의 블로그에 알기 쉽게 설명해 놓았다. http://londoncentralcounselling.com/2015/12/02/sex-addiction-what-it-isnt/

54 Davies, D., & Barker, M.-J. (2015). Gender and sexuality diversity (GSD): Respecting difference. *The Psychotherapist*, 60, 16-17.

55 Ley, D. J. (2012). *The myth of sex addiction*. Washington, DC: Rowman & Littlefield Publishers.

56 Irvine, J. M. (2005). *Disorders of desire: Sexuality and gender in modern American sexology*. Philadelphia, PA: Temple University Press.

57 Barker, M. (2013). Reflections: Towards a mindful sexual and

relationship therapy. *Sexual Relationship Therapy*, 28(1-2), 148-152.

58 Richards, C., & Barker, M. (Eds.). (2013). *Sexuality and gender for mental health professionals: A practical guide*. London: Sage.

59 Barker, M. (2013). *Mindful counselling & psychotherapy: Practising mindfully across approaches and issues*. London: Sage.

60 Joyal, C. C., Cossette, A., & Lapierre, V. (2015). What exactly is an unusual sexual fantasy? *The journal of sexual medicine*, 12(2), 328-340; Joyal, C. C. (2014). How anomalous are paraphilic interests? *Archives of Sexual Behavior*, 43(7), 1241-1243.

61 최근의 책 중에 좋은 예는 다음과 같다. Dubberley, E. (2015) *Garden of desires: The evolution of women's sexual fantasies*. London: Virgin Books. 조금 오래된 감이 있기는 하지만, 낸시 프라이데이Nancy Friday 고전 모음집도 참고할 만하다.

62 자신의 성적 환상에 대해 탐구하고 싶다면 나와 저스틴 핸콕이 공동 발행한 잡지를 참고하기 바란다. Barker, M.-J., & Hancock, J. (2017). *Understanding ourselves through erotic fantasies*. www.megjohnandjustin.com.

63 Morin, J. (2012). *The erotic mind: Unlocking the inner sources of passion and fulfillment*. London: HarperCollins.

64 Kahr, B. (2006). *Sex and the Psyche: The untold story of our most secret fantasies taken from the largest ever survey of its kind*. London: Allen Lane.

65 Barker, M. (2002). Slashing the slayer: A thematic analysis of homo-erotic Buffy fan fiction. Presentation to the *First Annual Conference on Readings Around Buffy the Vampire Slayer, Blood, Text and Fears*, University of East Anglia, Norwich, 19-20 October 2002. http://oro.open.ac.uk/23340/2/

66 Perel, E. (2007). *Mating in captivity: Unlocking erotic intelligence*. New York: Harper.

67 사람들이 자신의 성적 행위에 이러한 종류의 환상을 접목시키는 방식에 대해 알고 싶다면 다음의 책들이 유용할 것이다. Easton, D., & Hardy, J. W. (2004). *Radical ecstasy: SM journeys to transcendence*. San Francisco, CA: Greenery Press.

68 Chaline, E. (2007). On becoming a gay SMer: A sexual scripting process. In D. Langdridge and M. Barker (Eds.), *Safe, sane and consensual: Contemporary perspectives on sadomasochism* (pp. 155-176). Basingstoke: Palgrave Macmillan.

69 Gagnon, J. H., & Simon, W. (2011). *Sexual conduct: The social sources of human sexuality*. Piscataway, NJ: Transaction Publishers.

70 Cooper, M. (2003). *Existential therapies*. London: Sage.

71 Plummer, K. (1995). *Telling sexual stories: Power, change and social worlds*. London: Routledge.

72 로잘린드 길의 저서에는 젠더와 섹슈얼리티의 관계를 바라보는 언론의 심리가 잘 소개되어 있다. Gill, R. (2007). *Gender and the media*. Cambridge: Polity.

73 Gill, R. (2003). From sexual objectification to sexual subjectification: The resexualisation of women's bodies in the media. *Feminist Media Studies*, 3(1), 100-106.

74 물론 이에 대한 수많은 이론이 존재한다. 더 자세히 알고 싶다면 다음의 책을 참고하기 바란다. Barker, M.-J., & Scheele, J. (2016). *Queer: A graphic history*. London: Icon Books.

75 Gill, R. (2008). Empowerment/sexism: Figuring female sexual agency in contemporary advertising. *Feminism & Psychology*, 18(1), 35-60.

76 Barker, M., & Gill, R. (2012). Sexual subjectification and Bitchy

Jones's diary. *Psychology & Sexuality*, 3(1), 26-40.
77 Barker, M. (2012). *Rewriting the rules: An integrative guide to love, sex and relationship*. London: Routledge.
78 Bad sex media bingo. 참고 가능한 사이트: http://badsexmediabingo.com

추가자료

나는 이 책을 통해 우리가 다룬 각 주제마다 독자의 이해를 한층 더 도울 수 있는 추가자료를 제공해 왔다. 여기에서는 독자가 섹스와 섹슈얼리티를 다양한 관점에서 더 깊이 탐구하고자 할 때 특히 도움이 되는 도서와 웹 사이트를 소개하겠다.

나의 저서

또 다른 몇 권의 저서에서 이 책에 등장하는 주제들을 좀 더 깊이 있게 다루었다. 이런 종류의 생각을 어떻게 자신의 성생활에 적용할 수 있을지 알고 싶다면 다음의 책을 추천한다.

Barker, M.-J., & Hancock, J. (2016). *Enjoy sex (How, when and if you want to): A practical and inclusive guide / Sex: A practical guide*. London: Icon Books.

이 책에서 소개한 이론에 대해 심리학적 관점을 넘어 전반적인 흥미를 느낀다거나 퀴어에 대해 더 자세히 알고 싶은 독자에게는 다음의 책을 추천한다.

Barker, M.-J., & Scheele, J. (2016). *Queer: A graphic history/Introducing queer theory*. London: Icon Books.

단순히 성적인 측면보다 더 광범위한 의미의 관계들에 관심이 있다면, 그러한 주제를 다루고 있는 다음의 책을 참고하기를 바란다.

Barker, M.-J. (2018). *Rewriting the rules: An anti-self-help guide to love, sex and relationships*. London: Routledge.

이 책에서 다룬 젠더에 대한 개념을 좀 더 자세히 알고 싶다면 다음의 책을 강력하게 추천한다.

Iantaffi, A., & Barker, M.-J . (2017). *How to understand your gender: A practical guide for exploring who you are*. London: Jessica Kingsley.

섹슈얼리티에 대한 도서

다른 시작점에서 섹스와 섹슈얼리티를 탐구하는 데 도움이 되는 입문서를 몇 가지 소개한다. 다음 두 권은 섹슈얼리티의 사회학과 역사에 대한 짧은 입문서이다.

Mottier, V. (2008). *Sexuality: A very short introduction*. Oxford: Oxford University Press.

Weeks, J. (2004). *Sexuality: Key ideas*. London: Routledge.

생물 심리 사회적 접근법에 대해 더 공부하고 싶다면 다음의 두 권을 참고하기 바란다.

Denman, C. (2003). *Sexuality: A biopsychosocial approach*. Basingstoke: Palgrave Macmillan.

Fausto-Sterling, A. (2012). *Sex/gender: Biology in a social world*. New York: Routledge.

인간의 섹슈얼리티에 대한 주류 심리학 교재를 참고하고 싶다면, 해당 주제와 관련한 최신 정보를 포괄적으로 다루고 있는 저스틴 레밀러Justin Lehmiller의 저서를 추천한다.

Lehmiller, J. J. (2013). *The psychology of human sexuality*. London: John Wiley & Sons.

섹스와 섹슈얼리티에 대한 세계적 시각을 더 깊이 탐구하는 데에는 다음의 학술서가 유용하다.

Aggleton, P., Boyce, P., Moore, H. L., & Parker, R. (Ed.). (2012).

Understanding global sexualities: New frontiers. London: Routledge.
마지막으로 이 책에서 다룬 것과 비슷한 영역을 다른 각도, 다른 측면에 초점을 맞추어 탐구한 인기 있는 책들을 추천한다.
Bering, J. (2014). *Perv: The sexual deviant in all of us*. London: Transworld Digital.

de Botton, A. (2012). *How to think more about sex*. London: Macmillan.

Magnanti, B. (2012). *The sex myth: Why everything we're told is wrong*. London: Weidenfeld & Nicolson.

Roach, M. (2009). *Bonk: The curious coupling of sex and science*. London: Canongate Books.

Spiegelhalter, D. (2015). *Sex by numbers: What statistics can tell us about sexual behaviour*. London: Profile Books.

웹 사이트

내가 운영하는 웹 사이트인 www.rewritingthe-rules.com에 기타 유용한 웹 사이트 목록이 올려져 있지만, 여기에서 특히 도움이 될 만한 웹 사이트를 소개하겠다.

나와 저스틴 핸콕Justin Hancock은 megjohnandjustin.com에 섹스와 관계에 관한 블로그와 팟캐스트를 업로드 하고, 전자 잡지를 발행한다.

저스틴 레밀러의 블로그 www.lehmiller.com은 섹스와 섹슈얼리티에 관한 심리학 연구를 다룬다.

'사이콜로지 투데이*Psychology Today*'는 일반적으로 다자간 연애에 대한 엘리자베스 셰프의 칼럼처럼 섹스와 관련된 주제를 다룬 기사를 게재한다.

www.psychologytoday.com/topics/sex

www.psychologytoday.com/blog/the-polyamorists-next-door

TED 강연에서도 섹스와 섹슈얼리티를 다룬 좋은 콘텐츠를 많이 찾을 수 있다.

www.ted.com/topics/sex

다음의 웹 사이트에서 이 책의 후반부에서 다룬 주제들에 대한 더 자세한 정보를 접할 수 있다.

thesexualizationreport.wordpress.com

www.onscenity.org

badsexmediabingo.com

더 많은 학술 논문을 참고하고 싶다면, 나와 대런 랭드릿지Darren Langdridge가 공동 설립한 테일러 앤드 프랜시스Taylor & Francis 학술지 전문 출판사의 저널 『사이콜로지 앤드 섹슈얼리티*Psychology & Sexuality*』에서 관련 주제에 대해 다양하고 유용한 정보를 얻을 수 있다.

www.tandfonline.com/toc/rpse20/current

영국 심리학회 웹 사이트의 '사이콜로지 오브 섹슈얼리티*Psychology of Sexualities*' 섹션에서도 저널 및 연구 보고서 등을 발행한다.

www.bps.org.uk/psychology-public/areas-psychology/psychology-sexualities-section